어떻게 하면 언제나 행복할 것인가

How To Be Happy All The Time

어떻게 하면 언제나 행복할 것인가

How To Be Happy All The Time

2022년 5월 20일 초판 1쇄 펴냄

지은이 파라마한사 요가난다
옮긴이 이현주
펴낸이 신길순
다듬은이 김수진

펴낸곳 도서출판 **삼인**
등록 1996년 9월 16일 제25100-2012-000046호
주소 03716 서울시 서대문구 성산로 312 북산빌딩 1층

전화 (02) 322-1845
팩스 (02) 322-1846
전자우편 saminbooks@naver.com

디자인 디자인 지폴리
인쇄 수이북스
제책 은정제책

ISBN 978-89-6436-219-8 03190

값 12,500원

파라마한사 요가난다의 지혜

어떻게 하면 언제나 행복할 것인가

이현주 옮김

삼인

발행인의 말

이 책은 당신이 살면서 만나는 모든 상황에서 행복을 가져다 주는 단순하지만 심오한 비결을 제공한다. 여기 담겨있는 생각들 은 매력적이고 실제적이며 깊은 영감을 준다.

저자인 파라마한사 요가난다Paramahansa Yogananda는 1920년 인도에서 미국으로 이주하여 영혼을 일깨우는 고대 과학인 요가 의 가르침과 기법을 미국 사람들에게 소개하였다. 그는 서양에 자 신의 거처를 마련한 첫 번째 요가 스승이기도 하다. 그가 쓴 『어느 요기의 자서전(Autobiography of a Yogi)』은 나오자마자 베스트셀러 가 되었고, 사람의 영혼을 깨우치는 동양의 가르침에 담긴 매력으 로 서양의 화제가 되었다.

요가는 사람의 에너지를 영적 깨달음으로 돌려놓는 인도의 고대 과학이다. 요가난다는 실제적이고 효과적인 명상 기법을 미 국 사회에 소개하는 데서 그치지 않고 그 원리들을 삶의 모든 영역 에 적용해 내면의 평화와 행복에 중심을 두고 삶에 접근하는 법을 보여주었다. 미국에서 32년을 사는 동안 그는 저자, 강사, 작곡가 로서 왕성한 활동을 펼쳐나갔다.

이 책에 담긴 인용문들은 그가 1930년대에 쓴 글들에서, 1943년까지 발행된 잡지 『내적 문화(Inner Culture)』와 『동양 서양(East West)』에서, 스와미 크리야난다Swami Kryananda가 편집한 그의 『오마르 카얌의 루바이야트(The Rubaiyat of Omar Khayyam)』 해설서에서 그리고 크리야난다가 측근 제자로서 스승과 함께 살던 시절에 적어둔 메모에서 가려 뽑은 것들이다.

이 책을 내는 우리의 목적은 최소한의 편집을 거쳐 스승의 정신을 선명하게 전하는 데 있다. 간혹 장황한 문장을 손보고 의미를 분명하게 드러내려고 단어와 구두점을 고치기도 했다. 이 책에 담긴 내용들은 거의가 다른 데서는 볼 수 없는 것들이다.

요가난다의 생각과 말이 당신의 삶을 더 큰 평화와 만족 그리고 진정한 행복으로 가득 채워주기를 진심으로 희망한다.

1장

———

영뚱한 데서 행복 찾기

바깥 어디에서 행복을 찾는 것은 뜬구름 잡으려는 것과 같다. 행복은 물건이 아니다. 사람의 마음 상태다. 실제로 살아야 하는 무엇이다. 세상의 권력이나 재물로 행복을 움켜잡지 못한다. 눈길을 밖으로만 돌리는 데서 오는 결과가 정신 불안이다. 정신 불안 자체가 행복은 바깥에서 움켜잡을 수 없는 것임을 입증한다. 잠시 있다가 사라지는 권력이나 재물은 사람의 마음 상태가 아니다. 일단 그것들을 손에 넣어도 사람의 행복을 묽게 만들 따름이다. 그것들은 결코 행복을 키워주지 못한다.

우리 에너지를 이리저리 흐트러뜨릴수록 그만큼 특별한 어떤 일에 쏟을 힘이 줄어든다. 인간의 잠재의식 깊은 바다로부터 매사에 신경을 곤두세워 걱정하는 낙지발 버릇이 올라와서는 주변의 온갖 것들을 더듬어대다가 한때 우리가 알았던 내면의 평화를 박살내버린다.

참 행복은 결코 자아(Self) 바깥에서 찾을 수 없다. 자아 바깥에서 그것을 찾는 사람은 구름 속에서 무지개를 잡으려는 사람이다.

∞

헤아릴 수 없이 많은 인간들이 짧게 살다가는 들장미처럼, 지구별 꽃밭에 날마다 태어난다. 젊은 시절의 그들은 활짝 열린 몸으로 희망찬 새싹을 내밀고 사회의 온갖 약속들을 환영하면서 불어오는 쾌감의 바람에 고개를 끄덕인다. 그러다 그 다음엔 꽃잎이 차츰 시들기 시작하고, 기대들은 낙담으로 바뀐다. 이윽고 그들 모두가 나이가 들고 황혼에 물들어 잿빛 환멸 속에서 저물어간다.

들장미의 예例를 주목하라. 몸의 감각을 중심으로 살아가는 인간의 운명이 그렇다.

깊은 성찰에서 나오는 이해력으로 이른바 '쾌감'의 본질을 분석해보라. 그것들로 즐거워하는 순간에도 마음 깊은 데서 그것들에 대한 의혹과 불안이 가늘게나마 느껴지지 않는가? 지금은 그것들에 매달리지만 언젠가는 그것들이 자신을 등지고 돌아서리라는 것을 당신은 알고 있다.

자세히 관찰해보면, 감각에 대한 탐닉이 실제로는 탐닉하는 사람을 조롱한다는 사실이 밝혀진다. 그것은 자유를 주는 것이 아니라 영혼을 옥죈다. 그로부터 벗어나는 길은, 많은 사람들이 생각하듯이 더 심한 탐닉이라는 이끼가 낀 골목으로 내려가는 것이 아니라 자기 절제의 바윗길로 올라가는 것이다.

∞

사치스러운 생활은 갈수록 신경을 날카롭게 하고 머리를 둔하게 만들며, 그 결과 평균수명을 단축시킨다는 사실을 많은 사람들이 잊고 살아간다.

물질주의자들은 돈 버는 일에 너무나 열중해 웬만큼 벌어들인 뒤에도 만족하며 인생을 즐기지 못한다.

현대인의 삶이란 얼마나 불만투성이인가! 주변 사람들을 살펴보라. 그리고 스스로 물어보라, 과연 그들은 행복한가? 저 많은 얼굴들에 비친 슬픈 표정을 보라. 그들의 눈동자에 가득 찬 허망함을 보라.

물질주의는 인류를 웃음과 터무니없는 확신으로 유혹한다. 하지만 끊임없이 보여준다. 그 모든 약속들은 틀림없이 스스로 깨져버리고야 만다는 사실을.

∞

사람이 자기 몸과 마음의 자양분을 바깥에서만 얻으려고 하면, 자기 자신 안에서 찾지 않으면, 비축된 자기 에너지를 차츰 고갈시키게 마련이다.

∞

내면의 평화 없이 물질을 쌓아두는 것은 호수에서 헤엄치며 목말라 죽어가는 것과 비슷하다. 물질의 궁핍이 피해야 할 것이라

면 정신의 빈곤은 미워할 만한 것이다! 인간의 온갖 고통, 그 중심
에 있는 것은 물질의 궁핍이 아니라 정신의 빈곤이다.

∞

물질주의 과학자는 인간의 환경을 더 좋고 안락하게 만드는
일에 자연의 힘을 활용한다.

영적 과학자는 인간의 영혼을 깨우치는 일에 마음의 힘을 활
용한다.

마음의 힘은 내면의 행복으로 가는 길을 보여주고 외부의 불
편함에 대한 면역력을 사람에게 제공한다.

이 두 과학자 가운데 누가 더 인류를 잘 섬긴다고 보는가? 물
론, 영적 과학자다.

∞

순수한 사랑, 신성한 기쁨, 시적 상상, 친절, 지혜, 평화 그리고
행복은 처음에 머리나 가슴으로 '내면'에서 느껴진다. 그런 다음
신경계를 통해 거죽의 몸으로 전달된다. 내적 삶에서 오는 진정한
기쁨을 이해하고 느끼라. 그것을 바깥세상의 덧없는 즐거움보다
더 좋아하게 될 것이다.

모든 육체적 즐거움이 몸의 거죽에서 생겨나고 신경계를 통해 마음으로 경험된다. 당신이 감각으로 느껴지는 즐거움을 사랑하는 것은 우연히 그에 사로잡혔다가 이내 그 포로로 남았기 때문이다. 마치 감옥살이에 익숙한 사람들처럼, 죽을 수밖에 없는 우리들은 바깥에서 얻는 즐거움이 좋아서 내면의 기쁨에 스스로 문을 닫아버린다.

대개의 경우, 감각은 우리에게 일시적인 행복을 약속하지만 끝내는 슬픔을 안긴다. 덕德과 내면의 행복은 많은 것을 약속하지 않지만, 결국에는 언제나 지속적인 행복을 가져다준다. 내가 영혼의 지속적이고 내적인 행복을 '기쁨(Joy)'이라 부르고 일시적 감각의 떨림을 '즐거움(Pleasure)'이라 부르는 이유가 여기 있다.

당신이 처한 바깥 환경과 사회는 대단히 중요한 것이다. 특히 어린 시절의 환경은 한 아이의 내적, 태생적 환경을 부추기거나 질식시킬 수 있을 만큼 중요하다. 대개 모든 아이가 엄마 뱃속의 내적 환경과 더불어 태어나게 마련이다. 태어난 뒤 바깥 환경이 엄마 뱃속의 환경과 비슷하면 그것이 자극을 받아 부추겨지지만, 둘이 서로 다를 경우에는 내적 환경이 억압받기 쉽다. 좋지 않은 환경에서 태어난 아이도 좋은 환경에서 자라면 좋아질 수 있다. 물론 그 반대도 가능하다. 좋은 환경에서 태어난 아이가 좋은 집안에서 자란다면 의심할 것 없이 갈수록 더 좋아질 것이다.

왜 당신이 명상으로 분명하게 발견되고 더욱 커지는 영혼의 평화와 기쁨보다 덧없는 바깥의 즐거움을 좋아하는지에 대해 진솔하게 생각해보았는가? 그것은 당신이 처음부터 내적 삶의 참기쁨을 배양하지 않고 감각의 즐거움에 빠져드는 버릇이 들었기 때문이다.

내적 삶에서 오는 진정한 기쁨을 이해하고 느껴보라. 그것을 바깥세상의 덧없는 즐거움보다 더 좋아하게 될 것이다.

∞

알래스카 추운 지방에 사는 한 사람이 캘리포니아 프레즈노에 사는 친구가 보내준 감미로운 포도를 맛보았다. 그 맛에 반해, 다양한 포도가 생산되는 캘리포니아 프레즈노에 직장을 구해 알래스카를 떠났다. 프레즈노에 정착한 그 사람이 한 친구 집에 초대받았는데 그 집 젊은 부인이 먹음직한 포도 한 송이로 그를 대접했다. 그는 너무나 황송해서 허겁지겁 포도를 삼키며 말했다. "와, 고맙습니다. 정말 고맙습니다. 제가 이 맛에 반해 알래스카를 떠났지 뭡니까." 부인이 말했다. "그렇군요. 원하신다면 날마다 여러 종류의 포도를 드릴 수 있어요."

이튿날 아침, 젊은 부인이 포도를 한 바구니 담아 들고 알래스카 사람 현관 앞에 섰다. 그는 전날 먹은 포도가 아직 소화되지 않았지만 문밖으로 뛰쳐나오며 부인이 들고 있는 포도를 보고 환성을 질렀다. "오, 이렇게 포도를 많이 주시다니! 제가 참 복도 많네요. 고맙습니다. 고맙습니다." 그러고는 예의상 부인 앞에서 포도 몇 알을 입에 넣었다. 하지만 뱃속에는 간밤에 먹은 포도가 아직 소화되지 않은 상태로 남아있었다. 부인을 돌려보내고 그는 이글거리는 눈으로 포도송이를 흐뭇하게 바라보았다. 그리고 한 시간쯤 뒤에 다시 포도를 먹기 시작했다. 그날 하루 종일 포도, 포도, 포도를 삼키고 또 삼켰다.

이튿날 이른 아침, 젊은 부인이 포도 바구니를 들고 알래스카 사람을 불러냈다. 그가 잠을 아직 덜 깬 상태로 약간 심드렁하고 짜증나지만 그래도 안면에 웃음을 띠고서 부인을 맞으며 말했다. "어서 오세요, 부인. 이렇게 좋은 포도를 주시니 고맙습니다."

사흘째 되던 날, 부인이 또 포도 바구니를 들고 나타났다. 반쯤 졸고 반쯤 웃으면서, 알래스카 사람이 부인을 맞이했다. "부인, 이렇게 포도를 주시니 참 좋으신 분이군요. 그런데 어제 주신 것이 아직 좀 남았습니다."

나흘째 되던 날 아침, 부인이 포도 바구니를 들고 알래스카 사람을 현관에서 불렀다. 그가 내키지 않은 마음으로 잠자리에서 일어나 웃지도 않고 부인에게 말했다. "아, 또 포도인가요? 고맙습니다만 어제 주신 포도가 아직 그대로 남았답니다."

하지만 부인은 다음 날에도 여전히 포도를 손에 들고 알래스카 사람을 불러냈다. 그가 마치 유령을 보는 것처럼 침대에서 벌떡 일어나서는 부인에게 소리를 질러댔다. "부인, 또 포도예요? 아이고, 하느님 맙소사, 포도, 포도, 포도… 돌아버리겠네!"

그러자 부인이 웃으며 말했다. "드디어 당신이 포도를 싫어하게 됐군요. 잘됐어요. 그래야 다시는 우리 집 소중한 포도를 탐내지 않을 테니까."

아무리 좋은 것도 너무 많으면 좋지 않다는 사실을 전해주는 얘기다. 무언가가 아무리 즐겁다 해도 지나치게 탐닉하면 더는 즐거움이 아닌 고통을 안겨줄 것이다.

아무쪼록 기억하라. 먹고 자고 일하되 너무 많이 빠져들지는 말라. 그것이 아무리 당신에게 큰 즐거움이라 해도 지나치게 빠져들면 불행밖에 남지 않을 것이다.

∞

당신에게 필요한 것과 당신이 원하는 것의 차이가 중요하다. 필요한 것은 얼마 되지 않지만, 원하는 것에는 한계가 없다. 자유와 행복을 찾으려면 필요한 것만 챙겨라. 원하는 것들의 끝없는 목록을 만들거나 가짜 행복이라는 도깨비불 좇는 짓을 그만두라. 행복의 조건을 바깥에서 찾으면 찾을수록 그만큼 행복을 덜 맛보게 될 것이다.

∞

　호사스러운 욕망을 품는 것이야말로 비참한 인생으로 가는 가장 확실한 길이다. 재물이나 소유의 노예가 되지 말라. 필요한 것들이라 해도 줄이라. 언제 어디서나 지속되는 행복을 찾는 데 시간을 쓰라. 질병, 실패, 죽음 따위 어두운 그림자로 얼룩진 의식意識의 스크린 뒤에 불변, 불멸하는 영혼이 있다. 실체도 없이 변해버리는 장막을 걷어치우고 불멸하는 자신의 본질 위에 서라. 당신 안에 있는 불변과 고요 위에 자신의 변덕스러운 의식을 좌정시키라. 거기가 하느님의 보좌다. 당신의 영혼이 밤낮으로 끝없는 행복을 드러내게 하라.

　자기 절제를 연습하고, 단순하게 살면서 고상하게 생각하는 습관을 기르고, 돈을 많이 벌더라도 될수록 덜 쓰는 방식으로 행복을 지킬 수 있다. 도움이 필요한 사람을 더 잘 돕기 위해 할 수 있으면 많은 돈을 벌라. 다른 사람들이 풍요롭고 행복하도록 돕는 사람이 언제나 더 많은 도움을 돌려받고, 그래서 갈수록 번영하고 행복해진다는 것이 인생의 불문율이다. 이것이 깨어지지 않는 행복의 법칙이다. 단순하고 검소하게 살면서 실제로는 더 부유해지는 것이 더 낫지 않겠는가?

∞

영혼이 잃어버린 행복을 물질에서 찾을 수 없는 까닭은 그것
이 제공하는 위안이라는 게 모조품이기 때문이다. 자기 안에 있는
신성한 지복에 연결되지 못한 사람이 감각에서 오는 가짜 즐거움
에서 그에 대한 욕구를 채우려한다. 하지만 자기 존재 깊은 차원에
서 그는 전에 하느님 안에서 맛보던 위없이 높은 경지를 기억하고
있다. 이 즐거움에서 저 즐거움으로 끊임없이 방황해보아도 진정
한 만족이 그를 외면하는 까닭은 그가 찾는 것이 실은 하느님 안에
서 맛보던 바로 그 행복이기 때문이다.

아, 눈먼 사람들이여! 당신들이 찾는 기쁨을 그것이 존재하는
유일한 장소, 당신의 '내면'에서 찾기까지 얼마나 더 오래 포만과
싫증, 지루함과 역겨움으로 고생할 참인가?

∞

예수가 무슨 뜻으로 "죽은 사람 장례는 죽은 자들한테 맡기
라"(마태오복음 8, 22)고 했는지 잠시 생각해보자. 그 말의 뜻은 많은
사람들이 죽어있으면서도 그 사실을 모른다는 것이다! 야망도, 창
의성도, 영적 갈망도, 삶의 기쁨도 그들에게는 없다.

그렇게 살아서 무슨 소용인가? 삶은 끊임없는 영감靈感

(inspiration)이어야 한다. 비록 몸으로는 숨을 쉬고 있다 해도 기계처럼 산다면 내적으로 죽은 것이다.

사람들이 저토록 어리석고 재미없게 사는 까닭은 자신들 안에 있는 참 기쁨의 원천으로 가지 않고 바깥의 좁은 도랑에서 행복을 찾으려 하기 때문이다.

∞

덧없이 사라질 것들에 온통 시간을 허비한다면 무슨 소용인가? 인생 드라마는 그것이 하나의 드라마, 하나의 환영幻影(illusion)이라는 데 의미가 있다.

어리석은 바보들이 연극을 현실로 착각해 슬픈 대목에서 울고, 행복한 상태가 계속되지 않는다고 탄식하다가, 마침내 연극이 끝난다며 슬퍼한다. 그들이 영적으로 눈 멀어 받게 되는 벌이 바로 고통이다.

반면에 슬기로운 사람은 드라마가 순전한 연극인 걸 알고, 내면의 '자아' 안에서(in the Self within) 영원한 행복을 찾는다.

2장

———

행복은 선택이다

당신이 슬프기를 원한다면 세상 어느 누구도 당신을 행복하게 해줄 수 없다. 하지만 당신이 행복하기로 마음먹는다면 세상 그 누구도 무엇도 당신에게서 행복을 앗아갈 수 없다.

∞

당신이 진정 행복을 희망한다면 그 희망을 북돋아주라. 결코 그 희망을 잃지 말라. 당신의 영혼(Soul), 언제 어디서나 기뻐하는 '영(Spirit)'의 그림자인 당신의 영혼 그 자체가 행복이다. 자신의 중심을 향해 눈을 감아버리면 자신의 가슴에서 타오르는 행복의 태양을 볼 수 없다. 그러나 아무리 눈을 단단하게 감아도 행복은 당신 마음의 닫힌 문을 뚫고 밖으로 나오려고 끊임없이 빛을 비추고 있다. 고요로 들어가는 문을 열라. 거기서 자기 안에 있는 기쁨의 밝은 빛을 보게 될 것이다.

눈길을 안으로 돌리면 거기 있는 영혼의 기쁜 빛살을 알아볼 수 있으리라. 예쁜 옷, 큰 저택, 호화로운 가구, 고급요리 따위에서 행복을 찾지 말라. 그것들은 외향外向이라는 빗장으로 당신의 행복을 가두어놓을 따름이다.

자기 안에 있는 기쁨을 찾기로 마음먹으면 조만간 발견하게 될 것이다. 날마다 깊은 명상 속에서 그것을 찾으라. 틀림없이 영원한 행복을 찾게 될 것이다. 마음을 굳게 먹고 자기 안으로 들어가라. 더없이 큰 행복을 거기서 발견하게 될 것이다.

∞

막연히 바란다고 행복이 오는 것은 아니다. 언제 어떤 상황에서도 그것을 꿈꾸고 생각하고 실제로 살아야 행복이 온다. 무슨 일을 하든지 생각의 모래밭과 시련의 바위산 아래로 흐르는 지하수와 은밀한 기쁨의 강물을 지키라.

슬픔으로 부식된 가슴을 속으로 감추고 늘 웃음 짓는 사람들이 있다. 그런 사람들은 의미 없는 웃음 그늘에서 천천히 시들어간다. 그런가 하면, 가끔씩 웃지만 그 표정 아래로 내밀한 평화의 샘물이 끝없이 솟아나는 사람들이 있다.

어떤 상황에서도 마음속에선 행복해지는 법을 배우라. 그리고 스스로에게 말해주라. "내 행복은 더없이 신성하게 타고난 권리이자 은밀하게 감추어진 영혼의 보물이다. 나는 왕들도 꿈꿀 수 없을 만큼 부자라는 사실을 알고 있다."

∞

행복한 사람은 자신의 행동이나 이해 부족에서 비롯된 문제로 남을 탓하지 않는다. 남들의 잘못된 생각이나 악한 행동의 영향을 받아들이기로 하지 않는 한, 아무도 본인의 행복에 무엇을 보태거나 뺄 수 없다는 사실을 알고 있다.

행복하기로 단단히 결심한다면 당신에게 도움이 될 것이다. 상황에 문제가 있다고 해서 그것이 바뀌기를 기다리지 말라. 어떤 상황에서도 행복할 수 있도록 노력하라. 특정한 조건에 자신의 행복이 달렸다고 생각한다면, 그리고 그 조건을 바꿀 수 있다면, 스스로 바꾸라. 언제 어디서나 행복할 수 있을 것이다.

정해진 규정 따위에 얽매이지 말라. 모든 규정에는 예외가 있는 법. 어쩌면 이렇게 말할 수도 있다. "일이 이러저러하게 된다면 더 바랄 게 없다." 기다리지 말라. 자신의 내면에서 금방이라도 손에 넣을 수 있는 행복의 끈을 잡으라. 가짜 행복의 도깨비불을 좇느라고 당장 잡을 수 있는 기회를 뒤로 미루면 결국 실망과 낙담의 비탈길로 끌려갈 것이다.

우리가 먹이를 주는 대로 행복은 자란다. '언제 어디서나 행복해지는 법'을 배우라. 누군가 말했다. "돈을 많이 벌면 행복할 거야." 돈을 많이 벌어서 부자가 된 그가 말했다. "이놈의 소화불량만 나으면 행복할 텐데." 소화불량이 낫자 그가 말했다. "아내가 있으면 행복하겠지." 그래서 결혼했지만 결혼생활이 그에게 가져다준 것은 불행이 전부였다. 이혼하고 재혼했다. 그러나 두 번째 결혼은 첫 번째 결혼보다 더 고약했다. 두 번째 아내와 헤어지면 행복할 것 같아서 이혼했다. 바야흐로 나이 일흔을 넘기면서 그는 생각한다. "다시 젊은 시절로 돌아갈 수 있다면 행복할 텐데. 아무래도 행복하게 살 수 없는 팔자인가보다." 뜻밖에 많은 사람들이 이런 식으로 생각한다. 그들은 결코 행복한 삶을 맛보지 못할 것이다.

당신이 부자든 가난뱅이든, 건강하든 병들었든, 결혼생활이 순조롭든 험난하든, 젊었든 늙었든, 웃든 울든, 어떤 상황이건 행복하겠다고 굳게 결심하라. 내면에서 스스로 행복해지기 전에 자신이나 가족이나 주변 상황이 바뀌기를 기다리지 말라. 당신이 누구든 어디에 있든 지금 당장 내면에서부터 스스로 행복하겠다고 단단히 마음먹으라.

∞

현대인은 실재에 과학적으로 접근하는 것을 긍지로 삼는다. 그렇다면 하나 제안하겠다. 그러니까, 삶 자체를 실험실에서 분석해보라는 것이다. 미국사람들은 실험을 좋아한다. 그런데 왜 자기 자신을, 삶에 대한 자신의 태도를, 자기 생각과 행동을 실험해보지 않는가?

삶이란 무엇인지, 인간의 삶이 어떻게 개선되어야 하는지 구체적으로 알아보라. 사람들이 사는 동안 가장 깊이 바라는 게 무엇인지, 그 핵심적인 욕망을 이루는 가장 좋은 길이 무엇인지 찾아보

라. 사람들이 가장 피하고 싶은 게 무엇인지, 받아들이기 싫은 '손님'을 어떻게 피할 것인지, 그 방법을 찾아보라.

　　물리학이나 화학에서 바른 답을 얻으려면 바른 질문을 해야 한다. 삶에서도 마찬가지다. 왜 저토록 많은 사람들이 불행하게 사는지 그 이유를 알아보라. 그래서 그것을 알았다면, 이번에는 영구히 지속되는 행복을 이루는 가장 좋은 길을 모색해보라.

∞

　　반쯤 죽은 장미나무를 다시 꽃피우게 할 수 있을까? 보통 우리는 웃음, 젊음, 힘, 아름다움, 건강, 신비로운 그리움, 부푼 희망 같은 것들을 품고 태어난다. 그런데 나이 들면서 그 온갖 풍요로움을 잃기 시작하고 장미는 시들어간다. 왜 그런가? 장미는 시들어 떨어지려고 피어난다. 우리의 행복도 끝내 사라지기 위해서 존재하는 것일까?

　　우리는 선한 행동으로 꽃을 피우고, 행복한 향기를 뿜어내고, 자기의 가치를 알아주는 사람들과의 추억 속에서 영원히 쉬기를 원한다. 가난, 질병, 슬픔에 질식되어 죽어야 할 이유가 없다.

　　장미나무를 보호하려면 제때에 물과 거름을 주고 벌레와 냉해로부터 지켜줘야 한다. 행복의 장미나무는 평화의 기름진 땅에서만 자랄 수 있다. 단단히 굳어버린 인간정신 위에서는 자라지 못한다. 선행의 삽으로 쉬지 않고 평화의 땅을 일궈야 한다. 사랑과 봉사의 정신으로 물을 주면서 자신의 행복나무를 돌봐야 한다. 우리는 남들을 행복하게 해주는 일로만 행복해질 수 있다. 행복나무에 필요한 자양분은 명상을 통해 날마다 하느님과 연결되어야만 섭취할 수 있다. 거기서 인간의 온갖 재능과 영감이 솟구치는 '무한 근원'에 연결되지 않으면 결코 옹글고 완전하게 자랄 수 없는 것이 행복나무다.

우리의 행복나무를 해치는 가장 고약한 벌레는 더 나아지려는 의욕의 상실, 자만自慢, 회의주의다. 진실을 깨치려는 분명하고 끈질긴 노력의 결여, 관성이라는 냉해야말로 우리의 행복나무를 괴롭히는 가장 고약한 질병이다.

∞

행복하라, 지금 곧! 만일 당신이 자신의 영혼 속에서 행복을 찾는 일에 성공한다면, 내일 죽어도, 그래서 저승으로 가는 죽은 영혼들의 긴 행렬에 섞여들어도, 값을 매길 수 없는 보물이 당신 안에 있을 것이다. 시간 없는 영원으로 가는 여정이 아무리 길다고 해도, 일단 한번 영혼의 행복(soul-happiness)을 자신의 것으로 삼으면 그것을 당신에게서 앗아갈 사람도 사건도 세상에 없다.

∞

많은 사람이 슬픔과 고통의 무늬로 얼룩진 삶을 살아간다. 그들은 고통으로 가는 길을 피하지 않고, 행복으로 가는 길을 따르지 않는다. 다가오는 슬픔과 행복에 지나칠 정도로 민감한 사람들이 있다. 그 결과 슬픔으로 부서지거나 기쁨에 압도당해 정신의 균형을 잃어버린다. 무지無知의 불에 손을 데고도 스스로를 아프게 하는 행동을 피할 줄 모르는 사람이 뜻밖에 많다.

행복하기를 바라지만 정작 자신이 행복해지는 행동을 하지 않으려는 사람들이 많다. 대부분 사람들이 삶의 비탈길로 미끄러져 내리면서 '마음'으로만 행복의 정상에 오르려고 한다. 행복을 향한 열정이 불행의 밑바닥에서 부서지지 않고 살아남았을 때는 그들도 깨어날 수 있다. 하지만 사람들은 대개 어떤 무서운 일이 일어나서 자신을 어리석은 악몽으로부터 벗어나게 해주기 전까지 결코 깨어나려 하지 않는다.

행복을 추구하는 사람이라면 악한 행동으로 이끄는 나쁜 버릇의 영향을 마땅히 피해야 한다. 악한 행동은 소리 없이 무언가를 태우는 염산처럼, 사람의 몸과 마음과 영혼을 부식시키는 화禍를 부른다. 그것은 누구도 오래 견딜 수 없고, 그러므로 반드시 피해야 한다.

나쁜 버릇을 좋은 버릇으로 불살라버림으로써 자기 자신을 치유하라. 스스로에게 거짓말하는 버릇이 있거든 진실을 말하는 버릇을 들이기 시작하라. 좋은 버릇이든 나쁜 버릇이든 몸에 배려면 시간이 오래 걸린다. 나쁜 사람이 좋은 짓 하고 좋은 사람이 나쁜 짓 하기 어렵다. 일단 좋은 사람이 되면 좋은 짓을 하기가 자연스럽고 쉬울 것이다. 마찬가지로, 나쁜 버릇이 몸에 밴 사람은 좋은 짓을 하고 싶어도 실제로는 나쁜 짓을 하게 될 것이다.

기억하라. 아무리 불행한 행동이 몸에 익숙해도 당신은 불행의 해독제를 복용할 수 있고, 복용해야 한다. 행복한 몸짓 하나하나가, 언제 어디서나 행복할 수 있게 해주는 버릇을 기르도록 도울 것이다. 마음이 '나는 행복하지 않다'고 속삭이거든 그 말에 귀를 기울이지 말라. 지금 여기서 행복해지는 법을 기억하고 순간마다 "나 지금 행복해."라고 말하라. 끊임없이 그렇게 말할 수 있다면 지난날을 돌아보며 "나 무척 행복했다."고 말하게 될 것이다. 지금의 자신을 보면서 "나 행복해."라고 말할 것이고, 미래의 자신을 바라보면서 "나 행복할 거야."라고 말할 것이다. 당신이 앞으로 얼마나 행복할 것이냐는 지금 얼마나 행복하냐에 달려있다. 그러니 부디 행복하기 시작하라, 지금 곧!

∞

꿈나라에서 평화의 바다에 목욕하고 깨어나 이렇게 말하라.

"내가 꿈속에서 인간의 온갖 근심걱정으로부터 자유로워진 나를 보았다. 나는 평화의 왕이었다. 이제 깨어있는 나라에서도 고루한 근심걱정에 더 이상 패배하지 않을 것이다. 나는 꿈나라에서 평화의 왕이었다. 깨어있는 나라에서도 계속 왕으로 존재할 것이다. 꿈나라에서 평화의 나라를 다스렸듯이 깨어있는 꿈의 나라(land of wakeful dreams)에서도 같은 평화를 떨칠 것이다."

행복이 어느 정도 외부조건에 좌우되는 것은 사실이다. 그래도 크게는 내면의 마음 상태에 의존한다. 사람은 행복하려면 건강한 몸과 올곧은 마음, 넉넉한 살림, 정당한 직업, 그리고 무엇보다도 모든 것을 완성시켜주는 지혜가 필요하다. 생존을 위한 투쟁과 성공하려는 노력을 완전 무시한 채 내면의 고요를 움켜잡는 것으로는 행복할 수 없다.

하지만 내면의 행복이 없으면 풍요로운 성채에서 온갖 근심걱정에 갇혀 살 수도 있다. 행복은 성공과 재물에만 있는 게 아니다. 인생의 온갖 어려움을 흔들리지 않는 행복의 숙련된 자세로 맞서 싸우는 데 있다.

행복을 찾으면서 행복해하지 않는 것은 제 목적을 스스로 망가뜨리는 짓이다. 언제 어디서나 우선 자기 안에서 행복하되 아울러 불행의 원인들을 근절하려 노력할 때 행복이 온다. 자기 안에서 스스로 행복한 태도를 유지하는 습관은 아주 어렸을 때 길들여야 한다. 그러나 지금 시작해도 늦지 않다. 오늘부터 골치 아픈 친척이나 일밖에 모르는 상사를 만날 때, 인생의 어려운 시련이 닥칠 때, 내면의 고요와 행복을 지키겠다고 결심하라. 밖에서 어떤 도전이 오더라도 이 결심을 놓지 않으면, 바르게 생각하는 버릇과 어떤 상황에서도 행복하겠다는 각오로부터 행복이 온다는 사실을 알게 될 것이다.

하지만 언제 어디서나 행복하기를 배우는 과정에서 내면의 행복을 추구한답시고 자신을 게으름뱅이로 만드는 일은 없어야 한다. 자신의 행복을 가로막는 물리적 요인들을 무시하지 말라. 그것들을 치우려 하면서 고요하고 행복한 마음으로 모든 인생사를 헤쳐 나아가라.

∞

당신이 항상 기뻐하고 행복해야 하는 까닭은 이것이 하느님의 꿈이기 때문이다. 작은 사람이고 큰 사람이고 모두가 꿈꾸는 이의 의식(Dreamer's consciousness)이 반영된 것들이다. 무엇이든지 오면 오는 대로 받아들이라. 그리고 자신에게 말해주라. 이 모든 게 하느님한테서 오는 거라고. 저 혼자 오는 것이면 오게 하라.

잘못된 무엇을 고쳐야겠다고 생각될 때는 먼저 그분의 안내를 받
으라. 그리고 행동할 때는 다만 그분 편(His behalf)에서 하라. 절대
당신의 에고가 부추기는 대로는 하지 말라.

3장

———

행복 도둑들을 피하는 일

참 기쁨의 부재不在가 악이다. 알다시피, 그것이 악을 만든다.
그렇지 않다면, 먹이를 사냥하는 범이 악을 저지른다고 말할 것인
가? 사냥한 먹이를 죽이는 것은 하느님이 범한테 주신 본성이다.
자연법은 비非인간적이다.

인간에게 내면의 기쁨을 맛볼 수 있는 능력이 주어졌을 때 악
이 그림 속으로 들어온다. 존재의 신성한 상태로부터 우리를 떨어
뜨려놓는 모든 것이 우리에게는 악이다. 그것이 본인의 참 자아,
그리고 자기가 살면서 진정으로 원하는 것에 대한 앎으로부터 우
리를 멀어지게 하기 때문이다. 종교의 경전들마다 탐욕과 교만을
경계하라고 말하는 이유가 여기에 있다. 조물주의 영광이 아니라
인간의 복된 삶을 위해서 존재하는 것이 계명이다! 그것이 경솔하
지 말라고 충고하는 까닭은 어떤 태도나 행동이 처음엔 사람을 만
족시키는 것처럼 보이지만, 결국은 그것을 추구하는 사람에게 행
복 아닌 고통을 안겨주기 때문이다.

∞

행복을 추구하는 사람은 자기를 악한 행동으로 이끄는 나쁜
버릇의 영향에서 벗어나야 한다. 악한 행동은 조만간에 화禍를 부
르기 마련이다.

몇 가지 안 좋은 짓을 되풀이하면 안 좋은 짓을 하는 버릇이

생긴다. 대부분 사람들이 스스로 만든 안 좋은 버릇의 노예로 살아
간다. 전과 다르게 살기로 마음먹으면 스스로를 자기 버릇의 종살
이에서 건져낼 수 있다. 하지만 자기의 나쁜 버릇과 싸우겠다는 결
심은 성공을 거둘 때까지 계속 유지되어야 한다.

과거의 자신이 어떠했든지, 그것이 지금의 당신이다. 지난날
당신이 한 행동의 보이지 않는 발자취인 당신이 지금 자신의 행동
을 통제하고 있다.

당신의 행동을 관장하는 인과응보의 법칙에 따라 스스로에게
상을 주거나 벌을 내리는 것은 당신 자신이다. 여태까지 당신은 충
분한 고통을 맛보았을 것이다. 바로 지금이 지난날 만들어진 안 좋
은 버릇의 감옥에서 자신을 해방시킬 때다. 당신이 재판관이다. 그
러니 스스로를 석방하기로 마음먹으면 고통, 빈곤, 무지無知의 감
옥이 당신을 더는 가두어놓을 수 없다.

$$\infty$$

안 좋은 것에 대해 말하기를 삼가라. 온통 아름다운 것들에 둘
러싸여서 하필 시궁창을 들여다볼 이유가 어디 있는가? 당신은
나를 세상에서 가장 완벽한 방으로 데려갈 수 있다. 하지만 거기서
도 내가 마음만 먹으면 얼마든지 흠을 찾아낼 것이다. 그런데, 내
가 왜 그러겠는가? 어째서 그 방의 아름다움을 즐기지 않겠는가?

만일 우리가 나쁜 쪽에 눈길을 모으면 좋은 것이 눈에 들어오지 않을 것이다. 의사들 말에 따르면 수백만 나쁜 세균들이 우리 몸을 관통하고 있다. 그러나 우리가 그것들이 그러는 줄 모르기 때문에, 그것들이 거기 있음을 감지해 걱정할 때보다 그것들의 영향을 훨씬 덜 받는다고 한다. 우리가 안 좋은 쪽을 너무 오래 보면 심성도 따라서 좋지 않게 된다. 반대로 좋은 것에 눈길을 모으면 마음 좋은 사람이 될 것이다.

근심걱정은 제거하기 어렵다. 몇 가지 걱정을 지워버려도 다른 걱정거리들이 난데없이 몰려든다. 그것들이 당신의 삶을 거지반 갉아먹는다. 집안을 해치는 벌레들 없애려고 구충제를 사용하듯이, 걱정거리에 매달리는 생각들을 박멸하려면 '평화'라는 약제를 써야 한다. 걱정거리들이 떼를 지어 몰려와서 당신을 공격할 때마다 당황하지 말고 침착하게 기다리며 구제책을 찾아보라. 평화라는 강력한 약제를 걱정거리들 위에 살포하라.

당신은 이 평화 약제를 어느 약방에서도 살 수 없다. 날마다 고요히 집중하는 법을 수련하는 것으로 몸소 만들어야 한다. 이 평화 약제의 성분은 습관적 고요의 염산(acids of habitual calmness)과 슬픔을 삼키는 옅은 행복(pale happiness)이다. 고요의 염산과

옅은 행복은 자기 수련과 끊임없는 시련의 실험실에서 제조되어야 한다.

근심걱정은 고요와 옅은 행복으로 마취할 수 있지만, 견고한 평화의 문화로 완전 박멸해야 한다. 근심걱정은 더 큰 근심걱정이나 그것을 박멸하려는 좌충우돌로 진압되지 않는다. 하지만 평화를 양육하는 버릇을 들이면 그것으로 모든 걱정의 해충을 없앨 수 있다.

조심할 것! 슬픔, 가짜 행복, 무관심 그리고 에고한테 짧은 휴식을 안겨주면서 위의 세 가지를 은폐하는 위선적이고 피동적인 평화로부터 마음을 보호해야 한다. 사람들 얼굴을 보라. 그 얼굴 주인이 위의 네 가지 심리상태 가운데 무엇이 시키는 대로 하고 있는지를 알게 될 것이다. 이 네 가지 불안정한 심리상태에 사로잡혀 있으면서 얼굴 표정이 고요하고 담담한 사람은 거의 없다.

건강이나 즐거움에 대한 욕망이 채워지지 않을 때 슬픔이 찾아와서 그의 얼굴을 바꿔놓는다. '웃음 왕자'가 '슬픔 대왕'한테 패해 도망가고, '슬픔 대왕'이 그의 얼굴을 일그러뜨려놓는 것이다.

욕망 하나가 채워지면 그는 잠시 행복해한다. 슬픔은 채워지지 않은 욕망에서 태어나고 가짜 행복은 채워진 욕망에서 생겨난

다. 슬픔과 가짜 행복은 샴쌍둥이처럼 함께 붙어 다닌다. 둘 다 욕
망의 자녀로서 꼭 붙어있다. 당신이 가짜 행복을 초대하면 슬픔이
반드시 그 뒤를 따라올 것이다.

　에고가 슬픔이나 가짜 행복으로 타격을 입지 않을 경우, 사람
들은 세 번째 심리상태인 무관심과 지루함에 빠져든 자기를 보게
된다.

　만사에 관심이 없어 심드렁한 사람에게 묻는다. "당신, 슬픈가?"

그가 답한다. "아니."

"행복한가?"

"아니."

"그럼, 뭐가 문제인가?"

"그냥⋯ 그냥 모든 게 지루하다."

이것이 뜻밖에도 많은 사람들의 심리상태다.

　슬픔, 가짜 행복, 무관심의 오락가락하는 심리상태 너머로 위
선적이고 피동적인 평화라는 게 있다. 그것은 소극적이고 수명이
짧다. 앞에서 말한 세 가지 심리상태의 여파로 남아 잠시 그 안에
서 소강상태를 맛본다.

　이상 네 가지 심리상태 그 너머에 무조건적이고 전혀 새로운
지복至福의 경지가 있거니와, 그것은 오직 명상 안에서만 느낄 수
있는 것이다.

∞

농담을 너무 많이 하지 말라. 나도 웃는 걸 좋아하지만 그래도 자신의 유머감각을 스스로 통제한다. 내가 진지할 때는 아무도 나를 웃기지 못한다. 속으로 행복하고 속으로 즐거워하라. 즐거워하되 진중하라. 왜 쓸데없는 말로 자신의 영적 예민함을 무디게 만드는가? 의식의 바구니를 평화의 감미로운 우유로 채웠거든 싱거운 농담 따위로 그 바닥에 구멍을 내지 말라는 얘기다.

∞

농담 너무 하지 말라. 농담을 늘어놓는 것은 거짓 자극을 주는 것이다. 참 행복에서 오는 것도 아니고, 참 행복을 주는 것도 아니다. 농담을 지나치게 하면 마음이 싱숭생숭해지고 가벼워져서 명상할 수 없게 된다.

∞

불행을 만성적인 버릇으로 삼지 말라. 불행이 만성 버릇으로 되면 불행 자체를 즐기거나 어쩌다가 행복해도 자기 자신과 남들에게 하나의 행운일 뿐이다. 목소리에 은빛 웃음과 달콤한 행복을 담는 것은 어려운 일이 아니다. 그런데 어째서 지르퉁한 표정으로 주변에 불행을 퍼뜨리는가? 지금도 다시 배우기에 늦지 않았다. 나이가 얼마든 간에 당신은 만성이 된 생각만큼 늙은이고, 지금의 느낌만큼 젊은이다.

∞

슬픔 씨가 찾아오거든 그 존재를 아는 체하는 것으로 그에게 힘을 보태주지 말라. 당신 눈물의 신주神酒를 마시게 해주면 그는 계속 머무를 것이다. 그리고 머잖아 당신 삶의 침실을 차지할 것이다. 그가 도착하는 순간 웃어주라. 그 웃음이 그의 기쁨을 가시게 할 것이다. 그러고는 아랫배로 그를 튕겨버리라. 의지의 주먹과 무릎과 팔꿈치를 동원해 삶의 안방에서 그를 완전 내쫓으라. 그리하면 몸과 마음으로 슬픔을 이길 것이다.

∞

어떤 식으로든 좋지 못한 형편에서 태어난 사람은 자기 연민의 수렁에 빠지려는 유혹을 단호히 뿌리쳐야 한다. 자기 자신을 가엾게 여기는 것은 상황을 극복할 내면의 힘을 약화하는 것이다.

∞

당신의 행복은 이런저런 험담의 나쁜 결과로부터 자신과 가족을 보호하는 데 달려있다. 악을 보지도 말고, 악을 말하지도 말고, 악을 듣지도 말고, 악을 생각하지도 말고, 악을 느끼지도 말라. 많은 사람들이, 중독성 있는 독주에 취해 잠시 들떠있는 것처럼, 남에 대한 험담을 늘어놓고 그 좋지 않은 효과를 퍼뜨리는 일에 몇 시간씩 쓰곤 한다. 사람들은 다른 사람의 허물에 대해서는 우아하게, 즐겁게, 그리고 통렬하게 비판하고 험담하면서 자신의 허물을 누가 말하면 견디지를 못한다. 좀 우습지 않은가?

다음에 다른 사람의 단점에 대해 말하려는 유혹을 받게 되거든 즉시 자신의 단점을 큰 소리로 한 5분쯤 말하면서 자신의 심정이 어떤지 들여다보라. 자기 입으로 자기 단점을 말하는데도 상처를 입을진대 자기 단점을 남이 말할 때는 더 큰 상처를 입지 않겠는가? 어쨌거나 남의 험담을 하지 않도록 자신과 가족들을 연습시키라.

누군가의 약점을 공개적으로 말하는 것은 그에게 도움이 되지 않는다. 도움은커녕 그를 화나게 하거나 낙심하게 하고, 어쩌면 평생 지울 수 없는 수치심을 안겨주어 그 사람이 더 나아지려고 하는 노력을 아주 포기하게 만들 수도 있다. 어떤 사람을 공개적으로 매도해 자존감에 상처를 입히는 것은 그를 스스로 절망하게 하는 것이다.

사람이 넘어질 때는 누구보다도 본인이 자기 약점을 안다. 그를 비판하거나 험담하는 것은 그러잖아도 의기소침의 구렁에 빠져있는 그 사람을 더 깊숙이 밀어 넣는 것이다. 그를 험담하는 대신 사랑어린 격려의 말로 진흙 수렁에서 건져주는 게 마땅하다. 도덕적이고 정신적인 도움은 상대가 부탁할 경우에만 조심히 주어야 한다. 자녀들이나 사랑하는 사람들에게는 언제든지 친절한 조언으로 그들의 수치심을 덜어줄 수 있을 것이다.

"남한테서 비판받고 싶지 않거든 남을 비판하지 마시오. 남을 비판하는 같은 잣대로 비판받을 것이며, 남을 달아보는 같은 저울로 달릴 것이오."(마태오복음 7, 1-2). 당신을 정신의 깨끗한 고향에서 멀어지게 할 잡소리들은 얼마든지 있다. 다른 사람의 허물을 화제로 삼는 더러운 잡담에 끼어들지 말라. 오직 살면서 스스로 허물을 짓지 않도록 부지런히 정성을 다하라. 누구를 비판하려는 욕망을 말없이 치유해 스스로 비난과 험담에서 자유로워졌거든, 연민어린 태도와 모범으로 남들도 그럴 수 있도록 가르쳐주라.

∞

감정대로 쏟아놓는 폭언은 우정의 숲을 휩쓸며 예절바른 행동과 동정어린 사유思惟의 푸른 나무들을 모조리 태워버리는 산불과 같다.

분노의 노예가 되는 데 익숙해진 사람은 사소한 자극에도 쉽게 흥분해 욕설의 성냥으로 영혼의 평화에 불을 지르는 감정의 방화범이다.

산불이 나라에 엄청난 경제적 손실을 초래하듯이 감정의 방화범은 수많은 지성인들의 행복에 불을 질러 창조적 사유와 사회적 에너지의 막대한 손실과 낭비를 초래한다.

친절한 사람이 되려고 만사에 동의할 필요는 없다. 다만, 동의하지 않더라도 침착하게 예의를 지키라. 성내고 욕하는 것은 약한 사람 티를 내는 것이고, 성질을 다스리고 말을 삼가는 것은 인간에게 주어진 신성한 힘을 보여주는 것이다. 누가 무슨 말로 자극하더라도 조용하라. 말없이 고요하거나 부드럽고 친절하게 말함으로써 다른 사람의 성냄보다 당신의 친절함이 더 강하다는 것을 보여주라. 당신의 용서에서 나오는 부드러운 빛 앞에서 적들의 쌓인 증오가 녹아내릴 것이다.

불친절하고 심술궂은 사람의 행동이 소화되지 않아서 고통스럽거든 상냥함이라는 소화제를 복용하라. 한번 마음을 바꾸겠다고 다짐했으면, 그동안 심하게 대했던 사람들에게 진솔하고 친절한 말을 하는 것으로 시작하라. 우선 가까운 사람들을 상냥하게 대하라. 그럴 수 있을 때 다른 모든 사람에게도 버릇처럼 친절해질 것이다. 행복은 이해와 친절한 말의 제단 위에 그 바탕을 둔다.

퉁명한 말은 가정의 화목과 친구와의 우정을 깨뜨리는 잔혹한 도살자다. 입술에서 퉁명스러운 말을 영구 제명시키라. 진솔하고 상냥한 말은 목마른 영혼을 위한 감로수다. 언제 어디서나 그것들은 필요하다. 상냥한 말은 친구, 회사, 교회 그리고 다른 모든 곳에서 행복을 창조한다. 심술궂은 사람이 방에서 나가면 사람들은 행복해지고, 다정하고 부드러운 목소리의 주인공이 나타나면 사람들은 기뻐한다.

∞

사람들은 자기 육체를 갉아먹는 병에 걸릴까봐 두려워한다. 그런데 '질투'라는 나쁜 병에 걸렸을 때 심각하게 그 치료책을 강구하는 사람은 찾아보기 어렵다. 셰익스피어는 그것을 '사랑의 뿌리를 갉아먹는 궤양'이라고 했는데, 실은 그보다 훨씬 고약하다.

질투라는 전염병엔 국경이 없는 것 같다. 질투는 결핵과 부부지간이다. 의심이라는 각혈로 행복하고 건강한 결혼생활을 갉아먹다가 마침내 망가뜨려놓는다. 서로 끊임없이 잔소리를 늘어놓는 것은 행복의 기관지를 공격하는 잦은 기침과 같다.

그것은 조직의 결핵이기도 하다. 일단 그것이 조직 안으로 들어오면 조직의 생명이라 할 협동과 단결의 끈들이 서서히 또는 급격히 해체된다. 정치든 종교든 건강한 조직을 유지하려면 이 갉아

먹는 병을 경계해야 한다. 질투로 망가지지 않도록 자신의 행복을
지키라.

∞

　감각의 노예가 되면 행복할 수 없다. 자기 욕망과 입맛을 다스
리는 주인이라야 참으로 행복한 사람이 될 수 있다. 자신의 의지를
거슬러 너무 많이 먹거나, 양심에 가책되는 무엇을 원하거나, 감각
에 사로잡혀 내면의 자아가 원치 않는 과오를 저지른다면 결코 행
복할 수 없을 것이다. 자기 감각의 노예로 사는 사람들은 못된 버
릇이 억지로 자기한테 해로운 짓을 하도록 강요한다는 사실을 발
견하게 된다. 자신의 생각을 바른 행동의 나라로 이끌려 할 때마다
단단하게 굳어진 나쁜 버릇이 그 의지를 꺾어버린다. 치료법은 감
각의 옥죄는 힘으로부터 자신의 의지력을 해방시키는 것이다.

　나쁜 버릇에 굴복하는 것은 그것을 더 강화하고 자신의 의지
력을 더 약하게 하는 것이다. 자기 의지를 거역하려는 유혹에 넘어
가지 말고 자신의 결점들, 쉽게 화내고 남의 허물을 들추고 질투하
고 겁내고 무기력하고 과식하는 나쁜 버릇들에 맞서 싸우라. 참으
로 옳다고 생각되는 일을 하기로 작심했으면 무슨 값을 치르더라
도 실천에 옮기라. 그러면 지혜의 안내를 받는 의지가 나쁜 버릇을
극복하도록 도와줄 것이다. 스스로 건강한 사람이 되려는 의지의

힘을 동원하고, 자기 절제를 연습하고, 실제로 하느님에 연결될 때까지 날마다 깊이 명상하면서 지난날의 실패한 결혼생활로 인한 좌절감, 영적 무관심, 정신적 도덕적 결함들을 모두 떨쳐버리라.

거의 모든 사람들이 감각의 감옥에 갇혀 살고 있다. 그리고 그것이 육신을 잠식한다. 척수脊髓, 영靈의 눈, 차크라chakra에 있는 내면의 왕국으로부터 탐욕, 유혹, 집착이 뭉쳐있는 육신의 바깥 경계로 영혼의 눈길이 옮겨지는 것이다. 사람을 비참하게 만드는 감각들의 뒷골목에서 본인의 영혼대왕(King Soul)이 벗어나기를 바라는 경건한 사람은 감각의 병사들과 영혼의 신성한 병사들 사이에서의 치열한 전쟁 없이는 그것이 불가능하다는 사실을 안다.

∞

무엇을 하겠다는 의지의 힘이 모자라거든, '하지 않겠다는(won't)' 의지의 힘을 키우라. 식탁에서 탐식貪食 씨가 다가와 한 접시 더 먹으라며 당신의 자제력을 마비시키고, 그래서 결국 당신을 소화불량의 거북한 수렁에 빠뜨리려고 할 때, 자기 자신을 놓치지 말고 지켜보라. 음식을 먹을 만큼 먹었으면 자신에게 '더 먹지 않겠다'고 말해주라. 그러고는 자리에서 벌떡 일어나 식당을 나가는 것이다. 뒤에서 누가, "이보게, 디저트로 사과파이가 나올 거야."라고 말하면 돌아서서 말해주라. "안 먹겠어!"

솔직하지 않은 생각, 유혹, 앙심 같은 것들은 사람을 비참하게 만드는 감각의 병사들이다. 당신 행복의 왕국을 정복하고 불행과 비참의 수렁에 당신을 가두어놓는 것이 그것들의 목적이다. 잘못된 생각의 병사들이 떼로 몰려와 당신 안의 평화를 공략할 때 곧장 밝음, 정직, 자기 절제라는 병사들을 소집해 맹렬히 맞서 싸워라.

기억하라. 탐욕, 분노, 증오, 앙갚음 또는 온갖 근심걱정으로 당신 삶을 지배당할 것인지 아니면 자기 절제, 고요, 사랑, 용서, 평화, 서로 어울림의 신성한 병사들로 당신 정신의 왕국을 다스리게 할 것인지, 여기에 모든 것이 달려있다는 진실을. 평화의 왕국을 비참하게 유린할 감각들의 노예로 살아가게 하는 나쁜 버릇을 자기 자신에게서 몰아내라. 스스로의 왕이 되어 올바른 버릇들이 당신의 왕국을 다스리게 하라. 그러면 언제까지나 행복이 당신 안에 머물러있을 것이다.

∞

당신이 짓는 선행과 악행 모두를 하느님께 돌려드려라. 고의로 악행을 저지르라는 말은 물론 아니다. 하지만 좋지 않은 버릇이 너무 강해 스스로 어쩔 수 없거든, 하느님이 당신을 통해 그러시는 것임을 느끼라. 그분께 책임을 돌리라(Make Him responsible). 그분도 그것을 좋아하신다! 당신의 인생 자체가 그분의 꿈이라는 진실에 당신이 깨어나기를 바라시기 때문이다.

　당신이 노력하는 한, 하느님은 결코 당신을 넘어지게 놔두지 않으신다.

4장

———

반듯이 처신하는 법을 배우라

우리 스승님 은혜를 무슨 말로 다 감사해야 할지 모르겠다. 그분은 자주 우리에게 말씀하셨다. "반듯하게 처신하라."

내 흐릿한 마음보다는 다른 사람들의 마음, 특히 스승의 기울어지지 않은 마음에 나 자신이 더욱 선명하게 비쳐 보인다는 사실을 나는 알게 되었다. 또한 다른 사람들이 나를 어찌 보느냐에 대한 내 생각과 그들이 나를 '실제로' 어떻게 보느냐에 많은 차이가 있다는 사실도 알게 되었다. 그래서 나는 평정平靜한 마음을 지닌 이들에게 그들의 눈에 내가 어찌 보이는지를 묻기 시작했다.

사람들에게 그들의 허물을 말해주려면 중간에 말다툼이 일어나거나 문제가 발생할 위험의 소지가 아주 많다. 그래서 많은 사람이 얼굴 마주보며 비판하려고 하지 않는 것이다. 대신에 사람들은 등 뒤에서 헐뜯거나 마음속으로 소리 없이 비판한다.

가까운 친구들은 상처가 될까봐 공개적으로 당신을 비판하지 않는다. 하지만 당신이 그들에게 그러듯이, 그들도 속으로 비판한다. 친구들이 자신을 어떻게 보는지 알고 싶으면 언제나 반듯하게 처신하되 자기중심으로 행동하지 않고, 지혜롭고 조용하고 생각이 깊고 두려움 없고, 달콤하고 진지하고 너그럽고 규칙적이고, 자기 말에 진실하고, 단호할 때는 확실하게 단호한 사람이 되기 위한 자기 수련을 끊임없이 쌓도록 하라. 그러면 친구들이 당신의 선함에 감동해 당신이 어떤 사람인지에 대한 자기네 생각을 큰소리로 말하게 될 것이다.

어디서나 예절바르게 반듯이 처신하는 법을 배우고 항상 행복하라. 만나는 모든 사람에게, 그들도 당신처럼 반듯이 처신하며 행복할 수 있도록 깊은 영향을 끼치게 될 것이다.

∞

자기 절제가 우선은 불행을 안겨준다. 쾌락을 추구하는 감각으로부터 멀어지게 하기 때문이다. 하지만 자기 절제에 익숙해지면 더 좋고 행복한 경지를 영혼이 경험하기 시작하고, 쾌감을 좇아 살 때보다 훨씬 더 인생을 즐기게 된다. 이러다가 허탈해질까봐 두려운 사람은 극기克己가 목적 아닌 수단임을 알아야 한다. 오히려 그것은 목적을 위한 수단으로, 수준 낮은 쾌락에서 더 깊은 영혼의 쾌락으로 눈길을 옮기라고 사람들을 가르친다.

∞

자신의 단점에 대해 오래 생각하지 말라. 대신에 자신이 잘한 일이나 세상에서 일어나는 좋은 일들을 기억하라. 당신 안에 완벽한 자신이 있음을 스스로에게 수긍시키라. 하느님의 자녀인 당신이 품고 있는 영원한 본성을 갈수록 더 잘 기억하게 될 것이다.

∞

세상에서 유일하게 가치 있는 성취는 밖으로 드러나게 일하는 사람들의 것이 아니다. 저마다 자기 스스로 얻는 승리다. 우리 속에 아름다운 품성들의 거처를 조성하고, 하느님의 자비와 다른 이들의 선의善意가 모여 있는 겸손의 골짜기를 그것들로 채우자.

하늘의 신성한 은혜는 우리의 메마른 가슴을 옥토로 만들고, 잿빛 황무지를 내적 평화와 행복의 정원으로 바꿔놓을 수 있다.

∞

사랑받고 싶은가? 당신의 사랑이 필요한 다른 사람을 사랑하라. 사람들이 당신에게 정직하기를 원하는가? 우선 자기 자신에게 정직하라. 다른 사람들이 당신에게 동정심 베풀기를 바라는가? 주변 사람들에게 동정심을 베풀라. 남들에게 존중받기를 원하는가? 늙은이 젊은이 할 것 없이 모든 사람을 존중하라. 다른 사람들과 평화로이 지내기를 원하는가? 먼저 당신 자신과 평화롭게 지내야 한다. 다른 사람들이 고상하기를 바라는가? 당신부터 고상하라. 다른 사람들이 어떤 사람이기를 바란다면 먼저 스스로 그런 사람이 되라. 그러면 다른 사람들이 당신을 그런 사람으로 대해줄 것이다.

다른 사람들이 당신을 완벽하게 대접해주기를 바라는 건 쉬운 일이다. 그들의 허물을 찾아내는 것도 쉽다. 하지만 자기 자신을 완벽하게 대접하고 자신의 허물을 보는 건 매우 어려운 일이다. 당신이 바르게 처신할 줄 안다면 다른 사람들도 그 모범을 따를 것이다. 스스로 열등감을 느끼지 않으면서 자신의 허물을 발견할 수 있으면, 그리고 부지런히 그것을 바로잡고자 노력하면, 다른 사람들이 더 좋아지기를 바랄 때보다 더 많은 시간을 유용하게 쓸 수 있을 것이다. 당신의 훌륭한 모범이, 당신의 훈계보다 충고보다 분노보다 더욱 효과적으로, 그들을 바꿔놓을 수 있을 것이다.

당신이 자신을 끌어올리면 올릴수록 그만큼 주변 사람들을 끌어올릴 것이고, 당신은 더 행복해질 것이다. 당신이 행복해지는 만큼 주변 사람들도 행복해질 것이다.

흐르지 않고 괴어있는 사람은 행복할 수 없다. 지독하게 무지몽매한 사람은 행복이 뭔지, 불행이 뭔지 잘 모른다. 무지몽매한 상태로 행복하게 죽는 것보다 무지몽매함에서 깨어나기 위해 불행한 것이 더 낫다. 어디서든 스스로 깨어서 자신의 생각, 인식, 직관을 살리라. 그리하여 반듯하게 처신하고 좋지 않은 행동을 삼가라. 언제 어디서나 배울 준비가 되어있고 적절하게 처신하는 데 더없는 행복이 있다.

∞

　스스로 기쁨이 소멸되었다고 생각하는 대부분의 따분한 사람들은 좋은 책 속에 위안의 세계가 있음을 모른다. 공허한 마음은 근심과 절망의 작업실이다. 책을 고를 때는 우선 도그마dogma에서 자유로운 영성서적들에 눈길을 돌리라. 공부하는 사람이라면 한두 분야에 전공해서 통달하는 게 좋지만 다른 분야들, 예를 들어 식물학, 천문학, 언어학, 정치학, 음악, 역사 등도 웬만큼 알아야 한다. 생리학 공부도 중요하다. 매달 좋은 과학 전문잡지 한 권쯤 읽어라.

　독서는 더없이 좋은 지적 실내 스포츠다. 심성을 민첩하게 하고 지성을 단련시켜준다. 하루 한두 시간의 독서로, 괜찮은 책을 고르기만 했으면, 누구나 십년 자율학습의 효과를 거둘 수 있다. 이런저런 쓰레기로 채워진 오락잡지 따위 읽느라고 아까운 시간과 정력을 낭비하는 일은 없도록 하라. 책을 통해 순수교양을 쌓지 않는 것은 세월이 인류에 남긴 유산을 버리는 것과 같다.

　친구들과의 깊은 교제가 불가능한 상황이면 위안과 영감을 주는 말없는 친구들을 좋은 책에서 사귀라. 사회성이 강한 사람은 고상하고 재능 있는 저자들의 책을 통해 사회에 기여할 새로운 길을 찾을 수 있을 것이다.

　책을 읽고 밑줄도 치면서 그 안에 담긴 몇 구절을 따로 잘 소화하라. 말상대 되는 사람들과 책의 주제를 토론하는 것도 좋다. 어떤 아이디어에 대해 논리적으로 생각하는 것은 당신 자신의 아이디어를 개발하는 최선의 길이다. 생각할 때는 눈을 감고 주제에 마음을 집중하라. 뭘 하든지 반쯤 생각이 다른 데 가있으면서 그 일을 하는 척하지 말라.

좋은 책들은 언제든 만날 수 있는 무언의 친구들이다. 무슨 일로 걱정되거나 슬프거든 책을 손에 들고 그 속에 파묻히라. 세대를 관통해 인류를 가르치는 위대한 정신들의 위로와 영감으로 가득 찬 말에 귀를 기울이라.

∞

영성서적을 읽으려면 자기 깨달음(Self-realization)이 포함되어 있는 책을 고르라. 성경이나 『바가바드기타』 같은 책을 소설 읽듯이 읽어서는 곤란하다. 한 구절 읽었으면 그 뜻을 깊이 생각하고, 거기에 담긴 진실을 묵상하라. 그런 다음 아무쪼록 그 진실에 따라 살아보려 노력하라.

나에게 영감을 주는 책이 세 권 있다. 그리스도교 성경, 힌두교 『바가바드기타』, 그리고 내가 하느님한테서 받은 글을 적어둔 『영원으로부터의 속삭임(Whispers from Eternity)』이다. 독서보다는 명상과 직관을 통해서 나는 더 많은 진실을 깨친다.

명상하고 나서 책을 읽으라. 직관으로 책을 분석하라. 명상 아니면 좋은 책 읽는 데 많은 시간을 들이라. 여유가 있으면 흥미로운 책을 부지런히 읽으라. 그것이 지루함과 불평불만으로 이끄는 게으른 생각들로부터 당신의 마음을 지켜줄 것이다.

남편과 아내는 아무 열매 없는 집안싸움이나 평화를 깨뜨리는 작은 충돌에 마음 쓰지 말고 좋은 책을 함께 읽고 토론하는 가운데 자기 절제로 사랑의 균형을 유지해야 한다.

∞

행복하게 살고 싶거든 혼자 있으면서 영성에 관계된 서적, 인생문제, 종교, 철학 그리고 내면의 행복 등에 대해 깊이 성찰하는 법을 배우라. 지금 있는 것으로 만족하며 스스로 선택한 은거생활을 즐기는 것이야말로 행복을 얻기 위해 치러야 하는 값이다. 시끄러운 잡담에 억지로라도 끼어들지 않을 수 없는 형편이면 깊은 사색의 움막으로 피신해 고요한 내면의 샘에서 솟아나는 평화를 즐기라.

∞

농담을 너무 많이 하지 말라. 알다시피 나도 웃는 걸 좋아하지

만 일단 마음을 진지하게 먹기로 결심하면 아무도 나를 웃기지 못
한다. 행복하게 즐기라, 무엇보다도 속으로! 겉으로 엄숙해도 속
으로는 즐기라.

　　명상으로 얻은 하느님의 현존에 대한 인식을 쓸데없는 잡담
으로 낭비하지 말라. 게으른 잡담은 총알 같아서 평화의 물통을 벌
집으로 만든다. 쓸데없는 잡담이나 농담 따위로 아까운 시간을 허
비하면 결국 아무것도 남지 않은 내면을 확인하게 될 것이다. 명상
가운데 얻는 평화의 우유로 의식의 물통을 채우라. 그리고 그것을
계속 유지하라. 농담은 가짜 행복을 안겨준다. 너무 헤픈 웃음은
마음에 구멍을 내어 거기 담겨있던 평화가 밖으로 쏟아져 나와 사
라지게 한다.

　　시간을 정해놓고 명상하라. 그 안에서 참된 기쁨을 발견할 것
이다. 그러면 육신의 쾌락에 견줄 수 있는 무엇을 지니게 된다. 그
렇게 계속 견주다보면, 슬픔이나 안겨줄 뿐인 나쁜 버릇들을 버리
고 싶은 마음이 절로 들 것이다. 유혹을 극복하는 가장 좋은 방법
은 그것에 견줄만한 무엇을 스스로 만들어 지니는 것이다.

∞

　　너무 많은 농담, 지나친 오락 같은 것으로 마음을 어지럽히지
말라. 진중하라. 마음이 어지러워지면 곧장 섹스, 술, 돈 따위 오래

된 문제들이 다시 당신을 끌어당기기 시작할 것이다.

　물론 가끔 맛보는 얼마간의 재미와 웃음은 좋은 것이다. 하지만 경박한 마음에 사로잡히지는 말라. 알겠지만, 나 역시 때로 웃는 걸 좋아한다. 하지만 일단 진중하기로 결심하면 누구도 아무것도 내 안의 참 자아(Self)에서 나를 끌어내지 못한다.

　당신이 하는 모든 일에 진중하라. 웃을 때조차 내면의 고요를 잃지 말라. 속으로 기뻐하되 언제나 더 깊은 중심에 가라앉으라. 내면의 기쁨에 중심을 두라.

　항상 참 자아 안에 거하라. 음식을 먹거나 길을 걷거나 일을 할 때 좀더 아래로, 아래로 내려가라. 그리하여 다시 자신의 참 자아 속에 가라앉으라.

　고요히 활발하고, 활발히 고요하라. 여기에 요기yogi(수련자)의 길이 있다.

　구름 낀 날이 오거든 당신이 경험한 햇살 눈부신 날들을 생각하라. 침울함이 와서 인생을 덮으려 하거든 수없이 많았던 지난날의 행복을 생각하라. 여섯 달 아팠다는 이유로 지난 오십년 세월 즐기던 건강한 웃음을 잃어버리는 것은 온갖 선물을 주시는 그분을 홀대하는 것이다. 몇주 또는 몇달 동안의 슬픔을 너무 심각하게

받아들여 마음의 균형을 잃고 행복했던 세월을 망각하는 것이야
말로 못난 짓이다.

언제고 끝나지 않을 수 없는 당신의 무지無知를 두려워하지 말
라. 당신 영혼 깊은 곳에 아직 개발되지 않은 하느님의 지혜광맥이
묻혀있기 때문이다. 당신은 그분의 형상으로 창조되었다. 그러므
로 당신의 잠재의식 어딘가에 그분의 모든 지혜와 행복이 감추어
져있다. 만사가 잘 돌아갈 때 웃는 것은 쉽고 자연스러운 일이다.
하지만 모든 일이 당신을 망가뜨리려 할 때 웃는 것은 어렵고, 보
통의식을 초월한 일이다. 그래도 그것이 항구적인 행복의 바람직
한 낌새다. 웃음 전문가가 되고 우울증 박사가 되어 당신이 만나는
온갖 슬프고 근심어린 마음들을 당신의 웃음 엑스레이로 치료해
주라.

병들어 아플 때는 그 고통이 얼마나 오래 계속될지에 마음 쏟
지 말고 젊고 건강하게 살던 지난날을 꿈꾸라. 한때 가졌던 것은,
충분히 노력하면 언제고 다시 가질 수 있다. 긴 안목으로 볼 때 포
기하는 것이 오히려 어렵고 비참한 길이며, 성공할 때까지 힘들여
노력하는 것이 가장 쉬운 길이다.

기쁨으로 슬픔을 지워버리라. 성공하리라는 의식의 강장제로
실패하겠다는 병든 생각을 박멸시키라. 조화의 끌로 부조화를 파
내라. 고요함으로 근심걱정을 마비시키라. 행복의 불길 속에 슬픔
을 던져 넣으라. 친절로 불친절을 수치스럽게 하라. 병든 생각들을

권좌에서 끌어내리고 생기대왕(King Vitality)을 바른 삶의 왕좌에 앉히라. 조바심과 무지를 마음 기슭에서 치워버리라. 당신 안에 침묵의 왕국을 건설하고 행복의 하느님이 그리로 자유로이 들어오시게 하라.

5장

———

단순함이 열쇠다

단순함은 뼈아픈 궁핍이 아니다. 그것은 풍요의 반대말이 아니다. 단순하게 사는 것은 검소하게 절약하면서 조용히 살아가는 것이다. 서로 반대되는 두 극단 사이에서 균형을 이루며 사는 데 행복의 비결이 있다. 자기와 자기를 에워싼 세상, 이 둘과 더불어 평화로이 지내며 자기에게 다가오는 모든 것을 행복하게 받아들이는 사람은 왕들의 호사를 오히려 가련하게 여길 자격이 있다.

행복은 인간 본연의 존재양식이다. 그런데 그것을 찾는 사람이 참으로 드물다. 거의 모두가 자기의 변두리에서 살고 있기 때문이다. 그들은 자신의 중심으로부터 할 수 있는 만큼 멀리 떨어져있다. 그래서 더 많은 재물과 더 큰 권세를 가질수록 내면은 그만큼 더 공허해진다.

왕들의 세계에서는 행복하려는 욕구가 채워지기는커녕 오히려 자주 좌절된다. 참된 우의友誼를 나누려는 희망은 그들의 총애를 탐내는 자들로 인해 허망한 바다로 쓸려 들어간다. 사람의 이해를 얻으려는 기대는 그들의 눈길을 끌려는 자들로 인해 무참하게 꺾인다. 자기를 둘러싼 무리가 커질수록 그만큼 더 왕은 속으로 외로워진다.

저마다 자기 밖에서 행복을 찾다가 마침내 텅 빈 풍요의 뿔(cornucopia, 어린 제우스에게 젖을 먹였다는 염소의 뿔-역자 주)에서 그것을 찾으려 했다는, 그리고 기쁨의 포도주가 한 방울도 없는 유리잔 둘레를 열심히 핥고 있었다는 사실을 깨닫게 될 것이다.

∞

자기 욕망과 자기한테 필요한 것들을 스스로 줄이려는 노력, 필요한 것의 규모를 자기 맘대로 정할 수 있는 능력, 안팎으로 어떤 어려움을 당해도 웃음을 잃지 않으려는 마음자세, 이런 것들로 행복이 이루어진다.

밤마다 자리에 들기 전 십분 동안, 가능하면 더 오래, 고요히 침묵에 잠기라. 아침에도 잠자리에서 일어나기 전 그렇게 하라. 날마다 펼쳐지는 삶의 전쟁터에서 이런저런 힘든 일을 넉넉히 맞이할 수 있게 해줄 꺾이지 않고 흔들리지 않는 행복의 습관이 몸에 밸 것이다. 그 내면의 버릇처럼 된 행복으로 날마다 당신에게 주어진 일을 감당하라.

축적된 물질에서 행복을 찾지 말고 마음 안에서 찾으라. 마음이 행복으로 충만해지면 밖에서 오는 어떤 것도 당신을 불행하게 만들 수 없다. 그때 비로소 전에 익숙했던 것들이 없어져도 아무렇지 않은 경지에 들어갈 것이다.

행복하려면, 만사를 부정적으로 보지 않는 능력이 본디 자기 안에 있음을 알라. 이제 당신은 백만장자가 되어도 더 이상 물질에 예속된 사람으로 돌아갈 수 없게 되었다.

∞

　가난한 우리나라에는 없는 것들이 이곳 미국에는 참 많다. 하지만 세월이 흐르면서 나는 이곳 사람들이 평균적으로 하루치 양식조차 구하기 어려운 대부분의 인도 농민들보다 덜 행복하게 살고 있는 걸 보았다. 여기에서는 물질의 풍요에 견줄 만한 내면의 행복이 없는 것 같다. 미국 사람들은 지나친 육체적 쾌락에 질려 있다. 행복이 그들을 외면하는 까닭은 간단하다. 자기 자신을 제외한 다른 모든 곳에서 그것을 찾고 있기 때문이다.

∞

　사람들이 보통 말하는 '행복'이 실은 위장된 고통에 지나지 않는다. 당신은 거창한 고급요리를 즐겼는지 모르겠으나, 아마도 먹고 나서 속이 쓰리거나 거북한 증세를 느낄 것이다. 당신 자신을 위한 행복을 창조하는 최선의 길은 육체의 쾌락이나 안 좋은 버릇에 지배당하지 않고, 오히려 자기 버릇과 입맛의 엄한 주인으로 사는 데 있다. 다른 사람을 먹여서 자신의 굶은 배를 채울 수 없듯이, 감각의 지나친 욕구를 충족시켜서 행복할 수는 없는 것이다.
　과도한 사치는 행복을 주기는커녕 그것을 당신한테서 거두어간다. 그게 있으면 행복하겠다고 생각되는 것들을 추구하는 데 아까운 시간을 낭비하지 말라. 지금 당신한테 있는 것들로 만족하는 법을 배우라. 당신은 낡은 움막에서 행복한 왕으로 살 수도 있고, 궁궐에서 온갖 불행을 곱씹을 수도 있다.

행복은 철두철미 정신적인 현상(mental phenomenon)이다. 당신은 먼저 내면에 행복을 확고하게 세우고, 언제 어디서나 행복하겠다는 굳은 결심을 품고, 그리고 세상에 나아가 건강과 재물과 지혜를 구하라.

행복하지 않은 마음으로 마음의 욕망을 채우려고 노력하기보다는, 행복한 자세로 성공을 추구하는 데서 큰 행복을 발견하게 될 것이다.

∞

돈을 벌기보다 쓰기가 더 쉽다. 돈을 벌기보다 저축하기가 더 어렵다. 많은 사람이 자기가 번 것보다 많은 돈을 쓴다. 그래서 모자란 돈을 빌리거나 외상으로 물건을 산다. "모두들 그런다"는 말 뒤에 숨으려고 하지 말라. 지갑에 있는 돈보다 많은 돈을 쓰는 것은 끊임없는 근심걱정 속에서 살기로 작심한 것과 같다.

돈 버는 방법도 중요하지만 저축하는 법을 배우는 것도 중요하다. 돈을 저축하지 않고 사치스럽게 살기만 하면 아무리 많은 돈을 벌어도 헛일이다. 잠시 생각해보자. 저축한 돈 한 푼 없이 살다

가 갑자기 병이라도 나면 어쩔 것인가? 수입이 적은데도 사치스
럽게 사는 습관을 기르는 것이야말로 더없이 고약한 노릇이다. 단
순소박하게 살면서 실속으로 부자 되는 것이 더 낫지 않은가? 벌
어들인 돈에서 사분의 일을 생활비로 쓰고 나머지 사분의 삼을 저
축한다면 장래에 대한 별 걱정 없이 살 수 있을 것이다. 정당한 방
법으로 돈을 벌되 '많은 돈을 빨리 벌려고' 도박을 하다가 있는 돈
없는 돈 모조리 잃어버리는 일은 없도록 하라.

  자기 절제를 연습하고, 단순한 삶과 고상한 사유의 습관을 기
르고, 벌어들인 돈보다 적게 쓰는 데 행복한 삶의 길이 있다. 아무
쪼록 다른 사람들이 스스로를 도울 수 있도록, 그들을 돕기 위해
더 많은 돈을 열심히 벌라.

  기쁨은 매우 가녀린 꽃이라 돈과 재물에서 행복을 추구하는
사람들의 속된 풍토에서는 피어나지 못한다. 또한 사람들이 "새
자동차(옷, 집, 바닷가 별장 따위)를 사면 정말 행복할 텐데!"라고 말
하며 물을 잘못 주어도 피어나지 못한다. 물질주의에 사로잡힌 사
람은 행복의 나비를 아무리 쫓아다녀도 결코 그것을 잡을 수 없
다. 갈망하던 것을 손에 넣어도 여전히 행복은 그를 피할 것이다.

  반면에, 내적으로 자유로운 사람들 가슴에서 행복은 자연스

레 꽃을 피운다. 골짜기 샘물이 봄이면 솟구치듯이, 단순 소박한 삶으로 만족하며 이른바 '필수품'이라는 것들, 불안한 마음이 만들어낸 꿈속의 성채를, 자신에게 불필요한 것으로 여겨 기꺼이 버릴 줄 아는 사람들 마음속에서 행복의 꽃은 저절로 피어난다.

사람이 자기 안에서 행복을 추구해 밖으로 향하는 야망을 버릴 때, 오래고 익숙한 습관에 대한 향수鄉愁가 느껴질 수 있다. 외부에서의 분주한 비즈니스가 몸에 배어서 단순한 삶이 처음에는, 그리고 시시때때로, 매력 없고 건조하게 보일 수도 있다.

하지만 계속 정진하면 서서히 자기 내면의 세계에 익숙해지고, 영혼을 충족시켜주는 행복이 자라는 것을 발견할 것이다. 그리하여 참 행복의 의미를 더욱 깊이 알게 될 것이다.

세속적인 노력이 실패로 돌아갈 때 사람은 일시적으로 상실감을 느끼게 마련이다. 그때 인생 자체가 아무런 희망도 없는 듯 여겨질 것이다. 그러나 그 광야에서 일정 기간 헤매고 나면, 자기의 새로운 상황을 과감히 직면하기를 결심하게 되고, 드디어 인생에서 근본적으로 아무 달라진 게 없음을, 그러니까 자기한테 일어난 일이 본인 생각에 실패로 인식되었을 뿐임을 알게 될 것이다. 바로 그때 어려서 즐기던 단순한 즐거움의 행복한 순간들을 기억하게 되리라. 아울러 스스로 자기 안에서 만족하는 것이 곧 성공임을, 참으로 놀랍게도 바로 그 만족이 사는 동안 잃지 말아야 할 유일한 보물임을 문득 깨치게 될 것이다.

어떤 경우에도, 분명한 실패와 상실과 좌절의 황무지에서 비내린 뒤의 사막처럼, 다시 꽃이 피어날 수 있다. 새로 피어난 꽃들의 정원이, 자기 안에서 안식처를 찾은 마음들 속에, 홀연히 나타난다. 그때 영혼은 경험한다. 속세에서 이룬 성공보다 훨씬 크고 값진 행복을!

이 글을 읽는 그대여, 만일 성공의 사다리에서 미끄러지거나 재물과 명예로부터 버림받은 당신, 그래서 비참한 환경에서 살게 된 자신을 보게 되거든 부디 낙심해 슬픔에 잠기지 말라. 오히려 인생이 당신 앞에 펼쳐준 새로운 모험을 환영하라.

꿈이 모두 깨어졌거든 그와 함께 달라진 환경을 용감하게 받아들이라. 당신 가슴이 그동안 목마르게 바라왔던 달콤한 행복을 단순 소박한 삶에서, 그것이 거기 있는 줄 생각조차 못했겠지만, 발견하게 될 것이다.

6장

———

행복을 남들과 나누라

행복하게 살고 싶은 마음속에는 남들의 행복이 포함되어야 한다.

∞

우리가 남들을 섬길 때, 섬김 받는 것은 우리 자신이다. "남들을 돕겠다."고 생각하지 말고 이렇게 생각하라. "'나 자신'과 '내 세상'을 돕겠다. 그러지 않으면 행복할 수 없으니까."

∞

삶의 법칙은 객관적 '본성(objective Nature)', 곧 자기 안의 본성(inner nature)과 어울리며 사는 법을 우리에게 가르치도록 설계되었다.

손가락으로 뜨거운 난로를 만지면 불에 델 것이다. 그때 느껴지는 아픔은 몸을 보호하려는 '본성'의 경고다.

남들을 불친절하게 대하면 다른 사람들과 삶으로부터 불친절을 돌려받을 것이다. 뿐만 아니라 자신의 마음도 오그라지고 메말라버린다. 그래서 '본성'이 사람들에게 불친절하지 말라고, 불친절함으로써 자기 안의 '자아(Self)'에 폭력을 가하지 말라고 경계하는 것이다.

∞

수년 전에 나는 인도에서 가져온 '에스라즈esraj'라는 좋은 악기가 있었다. 그것으로 경건한 음악을 즐겨 연주했다. 하루는 방문객 하나가 그 악기를 침이 마르게 칭송했다. 망설이지 않고 나는 그에게 그것을 주었다. 얼마 뒤, 누가 물어왔다. "좀 후회되지 않습니까?" 내가 답했다. "천만에!" 자기 행복을 남에게 나눠주면 그만큼 행복이 커질 따름이다.

∞

사랑하는 연인들은 서로에게서 행복을 발견한다. 부요한 모조품 인생을 향한 터무니없는 야망으로 짐이 되지 않고서 그냥 단순하게 살기만 한다면.

∞

이기적인 두 사람이 결혼해 가정을 이루었어도 각자 자기중심적인 사랑의 벽에 갇혀 있는 한, 정신적으로 별거하고 있는 것이다. 그들은 이기심의 감방에 갇혀서 결코 행복과 조화를 이루지 못한다. 그들이 서로 닫힌 마음을 열고 행복한 가정을 이루는 열쇠는 사랑을 받는 데 있지 않고 사랑을 하는 데 있다.

자기중심적인 사랑은 자기를 스스로 가둔다. 내외가 서로 동정同情의 경계를 넓히고 더 이상 스스로를 가두지 않기로 할 때, 개인적으로든 아니면 내외가 함께든, 그동안 이기심으로 빚어졌던 정서적 불화와 인간관계가 자기중심 아닌 신성한 사랑의 인간관계로 바뀔 것이다.

자기중심적이지 않은 사랑(selfless love)이 열쇠다. 처음에는 '나 그리고 당신'라는 말로 규정되던 관계가 차츰 서로에 대한 이해의 폭을 넓히면서 둘이 하나 되어 생각하는 법을 익히게 된다. 그렇게 해서 인간의 사랑이 하느님의 사랑으로 확장, 흡수되는 것이다.

하느님 없이는 인간의 사랑이 결코 완전할 수 없다. 하느님 사랑의 '신비로운 효소' 없이는 결혼생활이 참된 열매를 거둘 수 없다. 사랑하는 상대를 통해서 하느님의 신성에 닿지 않는 속세의 사랑은 결코 참된 사랑이 아니다. 그것은 에고를 숭배하는 것이다. 욕망에 뿌리 내린 자기중심의 거짓 사랑이다.

참사랑은 하느님께로부터 온다. 끝없는 자기 확장(self-expansion)으로 순결해진 가슴만이 그 사랑을 옹글게 껴안을 수 있다. 그렇게 확장되면서 가슴의 느낌들이, 그것을 통해 하느님의 사랑이 온 세상으로 흘러들어가는 채널로 되는 것이다.

∞

결혼생활에서 실제로 행복을 찾는 사람들은 상대방한테서 그 것을 찾지 않는다. 행복은 언제나 자기 자신으로부터 오는 것이 다. 불행한 사람들이 상대방한테서 행복을 기대하기 때문에 계속 힘들어하는 모습을 보는 것이야말로 얼마나 슬픈 일인지!

∞

스와미 크리야난다의 경험담

자아실현연맹 소속 교회의 한 신도가 파라마한사 요가난다에 게 한 가지 의심되는 바를 물었다.

"선생님, 저토록 엄청난 고통이 있는 세상에서 혼자 행복하다 면 뭔가 잘못되었다고 말하는 사람들이 있습니다. 혼자서 삶을 즐 기는 것은 고통당하는 많은 사람들에 대한 연민이 부족하다는 증 거 아닌가요? 예수님은 자주 '슬픔의 사람'으로 묘사되지요. 저는 그분이 '기쁨의 사람'으로 묘사되는 것을 듣지 못했습니다."

파라마한사 요가난다가 대답했다.

"내가 아는 예수는 슬픔으로 가득한 사람이 아니라 기쁨으로 가득한 사람입니다. 맞아요, 그분은 사람들의 슬픔을 안타까워하시지요. 하지만 그 안타까움이 그분을 슬픔에 사로잡힌 사람으로 만들지는 않습니다. 그분이 남들의 슬픔으로 가득 차있다면 과연 사람들의 비참을 키워주는 것 말고 무엇을 그들에게 줄 수 있겠어요?

하느님의 복을 지닌 사람은 삶의 중심을 잃은 수많은 대중을 불쌍히 여기지요. 그러나 그 불쌍히 여기는 마음은 자기 안의 복을 키워줄 뿐, 그것을 덜어주지는 않습니다. 부지불식간에 모든 사람이 찾고 있는 치유가 바로 그 복이기 때문이에요. 사람이 자기 안에서 행복을 느끼면 느낄수록 그만큼 오래 모든 사람들과 자신의 행복을 나눌 수 있어요.

신성한 기쁨은 자기 확장과 더불어 옵니다. 반면에 고통은 이기적이고 안으로 수축되는 에고의 열매지요. 기쁨은 사람의 가슴에 연민을 일깨워주고, 슬퍼서 울고 있는 다른 사람들 속에 신성한 행복을 심어주고 싶게 만듭니다."

∞

행복은 물론 누구에게나 좋은 것이다. 하지만 그것을 남에게 강요할 순 없는 일이다. 하느님의 신성한 뜻 안에서 이루어지지 않는 개선(reforms)은 불화不和를 초래한다.

우리는 다른 사람의 자유의지에 대한 존중과 사랑으로 선을 행해야 한다. 그들에 대한 우리의 존중은 무엇보다도 그들 안에 있는 신성에 대한 존중이다. 자선은 받는 이들의 존엄을 해치지 않는 선에서 베풀 일이다. 무엇을 줄 때는 그것을 받는 이도 적게나마 되돌려줄 수 있도록 배려할 필요가 있다. 또한 그것을 받아준 이들에게 마땅히 고마운 마음을 품어야 한다. 누가 우리의 친절을 거절 못해서 억지로 받게 된다면 하나도 덕 될 것이 없다.

∞

다이아몬드 세공인이 아름다운 보석을 만들 때 돌의 결을 따라서 깎아야 한다는 사실을 그는 안다. 자기의 기호嗜好를 만족시키려고 아무렇게나 함부로 깎아서는 안 된다. 사람 안에 있는 아름다움을 겉으로 드러내는 일도 마찬가지다. 우리는 사람마다 지닌 독특한 결을 계산해야 한다. 어떤 명분으로도 그들에게 우리 것을 강요해서는 안 된다.

∞

사람이 영적으로 진화해 자기 안에서 기쁨과 신비로운 깨달음을 얻으면, 저절로 그 행복과 안녕을 다른 모든 사람들과 나눌 수 있는 길을 모색하게 마련이다. 하지만 그 모든 일을 순리로 해야 한다는 사실을 머잖아 알게 된다. 어떤 종류의 정신적 불안정이든 간에, 슬픔도 일종의 정신적 불안정인데, 섬세하게 그리고 점차적으로 치유되어야 한다. 기쁨조차도 갑작스런 충격으로 다가오면 치유는커녕 오히려 불안정을 증폭시킬 수 있다.

사람들이 저마다 이 세상을 좀 더 살기 좋은 곳으로 만들려고 노력하는 것은 옳고 좋은 일이다. 하느님은 이기심을 좋아하시지 않는다. 경건한 신자가 속에 이기심을 지니고 있으면 비록 명상 중에 은혜를 입었다 해도, 그 은혜로 힘을 얻는 것은 그의 영혼이 아닌 에고다. 우리가 이타적인 목적을 빠르게 또는 쉽게 이루는 것은 불가능하다. 그렇다고 해서 지금 할 수 있는 선행을 미루라는 얘긴 아니다. 우리 모두 하느님의 형상으로 창조된 몸이기에, 우리 안에는 그분의 힘이 잠재되어 있다. 그러니 에고의 지시에 따라서가 아니라, 그분의 안내와 힘을 감지하며 살아가고 일하자.

그분의 현존하심을 자주 의식하면서, 매일같이 명상하고 집중하면서, 그렇게 살면 그만큼 더 우리의 잠재력이 커질 것이다. 그분께 조율해 살아가는 우리한테서 생겨난 힘들이 우리가 직면하는 온갖 어려움들을 극복하는 데 쓰일 수 있다.

∞

이른 새벽부터 오늘 만나는 모든 사람에게 내 기쁨과 생기를 나눠주리라. 오늘 하루 길에서 만나는 모든 사람에게 정신의 햇살을 비춰 주리라.

∞

슬픔 가득한 가슴에 불타는 웃음의 화살을 쏘는 법을 연습하라. 슬픈 가슴이 당신 웃음 화살에 찢길 때마다 정곡正鵠을 맞힌 것이다. 지혜의 날카로운 칼로 침울함을 죽이라. 슬퍼하는 가슴을 볼 때마다 연민어린 웃음과 친절한 말의 화살을 쏘라. 누가 슬픈 구름에 그늘져있거든 용감한 웃음의 끊임없는 포격으로 그 구름을 날려버리라.

절망의 어둠이 보이거든 곧장 희망을 일깨우는 웃음의 화살을 쏘라. 슬퍼하는 버릇을 들이지 말고 웃는 버릇을 들이라. 당신을 어떤 공격도 막아낼 수 있는 철옹성으로 만들고, 공격하는 자들을 마음껏 용서하고 마음껏 잊으라. 절대 성내지 말라. 다른 사람의 분노에 희생물이 되지도 말라. 어려움을 극복하는 데 있는 힘을 다하되 처음에도 중간에도 마지막에도 웃음을 잃지 말라. 실패를 극복하는 데는 웃음만한 힘이 없다. 순수한 웃음보다 더 짙은 향기

가 없다. 당신 얼굴에서 빛나는 평화와 지혜의 웃음보다 더 아름다
운 것이 없다.

∞

아, 말없는 웃음이여! 내 영혼으로 웃으소서. 내 영혼이 가슴
으로 웃게 하소서. 내 가슴이 눈으로 웃게 하소서. 오, 웃음 왕자
여, 내 안색顏色의 천개天蓋 아래 보좌에 앉으소서. 내가 정직의 성
채에서 당신을 보호해 그 어떤 반역의 거짓도 숨어들지 못하게 하
오리다. 나를 웃음의 백만장자로 만드소서. 그리하여 발길 닿는 곳
마다 사람들 슬퍼하는 마음속에 당신 웃음을 흩뿌리게 하소서.

∞

기쁨 잃은 사람들 가슴마다에 내 웃음의 촛불을 밝혀 주리라.
내 기쁨과 생기의 꺼지지 않는 빛 앞에서 형제의 가슴을 채우던 어
둠이 도망치리라.

∞

거룩하신 어머니, 남들을 사랑하고 그들을 섬기도록 저를 가
르쳐주소서. 남들이 저에게 참말하기를 바라는 그만큼이라도 제

가 하는 말에 진실하도록 저를 가르쳐주소서. 남들이 사랑하기를 바라는 그만큼이라도 남들을 사랑하도록 저를 가르쳐주소서. 오, 어머니, 남들을 행복하게 해주고 그들에게 웃음을 안겨주도록 저를 가르쳐주소서. 오, 어머니, 남들의 기쁨에서 제 행복을 찾도록 저를 가르쳐주소서.

7장

—

참된 성공과 번영

수백만 아이들이 아무 결정된 바 없이 인생의 길을 출발한다. 움직이는 장난감 인형들처럼 작은 힘에도 상처받고, 궤도 없이 달리고, 길에서 부닥치는 것들에 깨진다. 그와 같은 목적 없는 인생 여정이 대부분 사람들의 몫이다. 어린 시절에 올바른 목적지를 향해서 길을 떠나지 못했고, 주어진 길을 계속 가게 해줄 능력을 적절하게 부여받지 못했기 때문이다.

대부분 사람들이 인생무대에서 환경과 본능과 운명이 시키는 대로 꼭두각시처럼 행동한다. 어떤 분야에서 자기가 성공할 수 있을 것인지도 모르고 '우주 드라마'(Cosmic Drama)의 대본에 자기의 임무를 조화시키지도 못한다. 말하자면 수많은 사람들이 몽유병 환자처럼 인생을 살고 있다는 얘기다.

급기야 잘못된 방향으로 접어들기 전에, 어린 시절과 현재의 삶을 분석해 지금이라도 인생의 길을 분명하게 찾으라. 그렇게 길을 찾고 나서 필요한 만큼 돈 버는 방법을 강구해보라. 하지만 그 돈 버는 방법이 당신 이상理想의 테두리에서 벗어나지 않아야 한다. 그렇게 되면 돈은 벌어도 행복할 수 없을 것이다. 돈 벌려는 욕심이 당신을 그릇된 길로 유혹하지 않을 때만 당신은 진정으로 행복할 수 있다.

일어나라! 인생을 진단하기에 결코 늦지 않았다. 당신이 누구며 지금 하는 일이 어떤 일인지를 분석하라. 그래야 당신이 되고 싶은 사람이 될 수 있다. 당신에게는 아직 다 쓰지 않은 재능과 힘이 있다. 당신에게 필요한 힘은 모두 갖추어져있다. 마음의 힘보다 큰 힘이 없다. 당신을 속물로 남아있게 하는 사소한 버릇들로부터 자신을 해방시키라. 한결같은 웃음, 하느님의 웃음을 웃어라. 겁 없고 힘 있는 균형 잡힌 웃음, 아무도 당신한테서 앗아갈 수 없는 백만 불짜리 웃음을 웃어라.

∞

스와미 크리야난다의 기록

여러 책임을 무겁게 지고 사는 한 남자가 물었다.

"내면의 기쁨으로 가는 길에서 나에게 맡겨진 임무들이 차지하는 자리는 어디일까요?"

스리 요가난다가 답했다.

"무책임하게 사는 건 에고를 위해 사는 거지 하느님을 위해 사는 게 아니에요. 에고를 충족시키는 일에 열심을 낼수록 그만큼 참 기쁨은 없는 겁니다. 사는 동안 자기에게 주어진 임무를 모두 감당하는 건 쉬운 일이 아니지요. 게다가 그것이 곧장 기쁨을 안겨주지 않을 수도 있고요. 신성한 기쁨을 얻는 것은 오랜 세월이 걸리는 일이에요. 사람이 영원한 자유를 얻으려면 사는 동안 자기에게 주어진 임무를 성실히 감당해야지, 그것을 피하거나 외면해서는 안

됩니다."

∞

　성공한 사람들은 자기가 마음속에서 이 땅에 이루고 싶은 것들을 선명한 청사진으로 만들 용기가 충분한 사람들이다. 그들은 자본주를 창조능력으로, 건축사를 의지력으로, 목수를 자세한 설계로, 그리고 노동자를 정신적 인내로 삼아 자기 꿈을 실현한다.

　당신이 행복하지 않은 까닭은 스스로 원하는 것을 청사진으로 그려보고 자신의 의지력, 창조능력, 인내심을 동원하지 않아서다. 먼저 작은 욕망들을, 그 뒤에 차츰 큰 꿈들을 실현하는 능력에 뒤따라오는 것이 행복이다. 아무리 애써도 당신으로서는 이룰 수 없는 허황된 야망에 사로잡혀서 가족과 친구들의 조롱을 받으며, 마치 무지개 꼬리를 잡으려는 듯 출구 없는 미로迷路를 헤매지 않도록 조심하고 경계해야 한다. 먼저 작은 일부터 청사진을 만들고 그것을 실현해보라. 그러면 더 큰 꿈을 현실로 바꿀 수 있을 것이다.

　작은 일에 성공하는 행복을 맛보면 차츰 더 큰 일에 성공할 것이고 마침내 행복의 백만장자가 되는 법을 깨치게 될 것이다. 불행은 실패로 인한 것이다. 성공으로 나아가는 여정을 가로막는 것들을 없앰으로써 당신의 항구적인 행복을 창조할 수 있다.

∞

장애물은 없다. 오직 '기회'가 있을 뿐이다.

∞

주 6일 근무제를 5일 근무제로 바꾸겠다는 헨리 포드의 아
이디어를 지지하며 쓴 에세이

사람은 정신적이면서 육체적인 존재다. 내면의 수련을 통해
정신적으로 자기를 발전시켜야 하지만, 동시에 육체적 삶도 개선
되어야 한다. 원시인은 육체적 삶에 필요한 것들을 채우는 데 정신
력을 동원했다. 단순히 사냥하고 먹고 자는 데 모든 시간을 썼다.
현대인은 과학의 힘으로 육체적 삶을 개선하려 노력한다. 원시인
에게는 통하지 않던 방법이 현대인에게는 괜찮은 방법으로 통한
다. 육체적으로 잘 살기 위한 방법이 간접적으로 그의 내적 능력을
증진시키는 것이다.

인도의 스승들은 유혹에 맞서 싸우려는 의지의 힘과 동료들
을 섬기려는 봉사정신이 더욱 발전할 수 있다고 믿는다.

하느님이 우리에게 배고픔을 주셨고 우리는 돌봐야 할 육신
이 있다. 그러므로 이웃 동료들의 정당한 욕구를 채워줌으로써 정

직하게 합리적으로 돈을 벌어야 한다. 사업이 반드시 물질적인 것이어야 하는 것은 아니다. 사업가의 야망도 영적인 것일 수 있다. 사업이란 가장 좋고 가능한 방법으로 다른 사람들의 삶에 이바지하는 것 이상도 이하도 아니다. 오직 돈 벌 궁리만 하는 가게를 두고 사람들은 '돈벌이 소굴'이라고 부른다. 한편 최저 가격으로 최고 상품을 고객에게 제공하려는 가게들은 언제 어디서나 성공을 거두고 세상의 도덕적 발전에도 기여하는 바가 클 것이다.

　　나는 외투를 사러 갔던 큰 상점의 점원을 결코 잊을 수 없다. 그가 말했다. "고객님께 무엇을 팔기보다는, 꼭 필요한 것을 골라 드리고 싶습니다." 그는 내가 이백 달러짜리 코트를 살 수 있다는 걸 알고 있었다. 하지만 나에게 잘 어울리는 육십 달러짜리 옷을 팔았다. 알맞은 가격으로 필요한 것을 구할 수 있어서 기분이 참 좋았다. 결국 그는 나를 자기 상점의 단골 고객으로 만들었다. 그가 나에게 비싼 옷을 팔았다면 두 번 다시 그 상점에 가지 않았을 것이다.

　　이렇게 우리는 이웃들을 섬기겠다는 마음으로 사업에도 정신적인 뜻을 담아야 한다. 또한 공동의 이익에 이바지하는 박애주의 기구機構들을 만들기 위해서 돈을 벌어야 한다. 다른 사람들을 잘 살게 해주는 것으로 많은 돈을 벌고, 다시 그 돈을 다른 사람들을 돕는 데 쓴다면 그것이 바로 영적으로 정화淨化된 기업이다. 자녀들에게 너무 많은 재물을 남겨주는 것은 자기가 이룬 성공과 행복의 숨통을 틀어막는 것과 같다.

우리 서구의 형제들은 물질과 지능의 개발에 많은 시간을 써 왔다. 그 노력의 산물을 즐기거나 거기서 얻은 평화, 안락, 행복을 누리느라 바쁘다. 하지만 많은 서구 형제들이 덜 중요한 일에 노예처럼 매달려 하느님과의 만남이라는 더 중요한 일을 잊고 있는 것 같다.

이제 서구 형제들은 시간을 내야 한다. 생존을 위한 투쟁은 여전히 빡빡하지만, 발달된 기계 문명 덕분에 아시아 형제들보다 유리한 위치에 있다. 그러니 춤추고 오락하는 데보다 인생을 깊이 공부하는 데 시간을 더 많이 써야 한다. 사업과 돈은 인간의 안락한 삶을 위한 것들이다. 하지만 안락한 삶을 위한 눈먼 탐욕이 행복을 약탈하는 일은 없어야 한다.

엿새를 밤낮으로 기계처럼 일하고 정신 함양을 위해서 하루를 쓴다는 것은 균형을 잃었다. 한 주간이 일과 오락과 정신 함양에 고루 할당되어야 한다. 닷새 돈 벌고 하루 오락하고 나머지 하루는 내적인 자기 실현과 성찰에 쓰는 것이다. 사람은 자기를 찾기 위해 얼마쯤 시간을 내야 한다. 일주일에 하루, 일요일만으로는 충분치 않다. 그날이 유일한 휴일이기 때문이다. 온전히 휴식할 하루가 더 필요하다. 아니면 너무 고단해서 명상을 할 수 없다.

헨리 포드Henry Ford 씨 제안대로 일주일에 닷새 일하면 사람들이 금요일 밤과 토요일, 일요일을 번잡한 도시에서 벗어날 수 있고 그만큼 수명이 길어질 것이다. 도시 소음이 줄어들면 인간의 수명이 11년 연장되고 신경계가 안정된다고 시카고 경찰서장도 말했다. 지금은 미국의 거의 모든 가정마다 자동차가 있어서 주말이면 자연의 품에 안겨 평화로운 휴식을 취할 수 있게 되었고, 숲속의 은수자隱修者나 세속의 전사戰士들보다 오래 살게 되었다.

헨리 포드의 5일 근무제가 다른 모든 사업체에서도 반드시 실현되어야 한다. 진실을 사랑하고 세상을 위하는 사람이라면 마땅히 노동자들에게 오락과 휴식을 위한 토요일 하루와 명상 속에서 영적 친구들과 사귀고 더없이 선하신 하느님의 축복을 경험하기 위한 일요일 하루를 제공하는 일에 동참해야 할 것이다.

일주일에 닷새 일하는 제도야말로 지극히 바람직한 것으로서, 사람들에게 자연을 즐기고 더욱 단순하게 살고 꼭 필요한 것들만 쓰면서 자녀들과 친구들, 그리고 다른 무엇보다 '자기 자신'을 잘 알기 위해 반드시 도입되어야 할 제도다.

∞

왜 올바르게 사는 법을 배우지 않는가?

어른이 돼서도 그렇지만 어렸을 때부터 시작해야 한다. 아이들의 플라스틱 같은 마음은 함께 사는 어른들의 영향을 받아 꼴을 갖추게 마련이다. 바람직한 버릇은 어려서 쉽게 길들여질 수 있다. 아이들에게는 무엇이든지 본받으려는 의지가 있기 때문이다. 어른들은 좋은 버릇을 들이려면 낡은 버릇과 싸워야 한다. 하지만 아이든 어른이든 모든 버릇이 자율적인 의지를 통해서 길들여져야 한다. 아이들에게 균형 잡힌 삶을 훈련시키거나 돈벌이와 영적 행복을 동등하게 추구하는 버릇을 들이려면 시간이 필요하고 좋은 훈련 방법이 있어야 한다.

사람들이 균형을 잃고 돈과 사업에 미쳐서 고통 받는 것은 균형을 이루며 사는 버릇을 들일 기회가 없었기 때문이다. 우리의 삶을 지배하는 것은 스치는 생각들이나 대단한 아이디어가 아니라 몸에 밴 버릇이다. 균형을 잃거나 신경과민에 걸리지 않고서도 엄청난 돈을 버는 사업가들이 있다. 그런가 하면, 돈 버는 일에 너무 열중해 다른 것은 생각도 못하고 마침내 병에 걸리거나 행복을 전부 잃어버릴 때까지 정신 못 차리는 사업가들도 있다. 여러 심리학자들이 말하기를, 어른의 행동은 두 살에서 열 살이나 열다섯 살 사이에 받은 학습의 반복에 지나지 않는다고 한다.

정신적인 설교는 아이들 마음에 더 잘 행동하겠다는 감동을 주지만 그게 전부다. 어머니 뱃속에서부터 지닌 버릇의 싹을 익히는 구체적 훈련방법은 잠재의식 안에 있다. 아이들은 오직 사회를 섬기기 위해서만 돈을 벌겠다는 마음을 품고서 자라나야 한다.

아이들을 키우고 균형 있는 삶으로 이끌어주는 일은 어른들 몫이다. 어른들이 지나친 물질주의에 중독되어 사는 한, 아이들의 고상한 잠재력은 끝내 구현되지 못할 것이다.

그러니 아이들을 구원하고 미래 세계를 구원하려면 부모들이 각성하고 육체적으로, 정신적으로 균형을 이루며 사는 버릇을 들여야 한다.

∞

어른들이 균형 잡힌 삶을 살려면 사업은 오직 본인과 남들의 행복한 삶을 위한 것임을 스스로 배워서 깨쳐야 한다. 이런 깨달음 없이는 아무리 열심히 사업해도 신경과민, 돈에 대한 탐욕, 사회성 결핍, 몰인정, 원리에 대한 경멸 따위를 거둘 뿐이다. 자기와 남들의 행복한 삶을 위해 사업한다는 깨달음만이 사람을 진정으로 행복하게 할 수 있다.

나는 하느님과 지혜를 중심에서부터 갈망하며 다른 것들엔 만족하지 않는 훌륭하고 지적인 사업가들을 많이 알고 있다. 그런데 그들은 어쩔 수 없는 버릇에 이끌려 너무 잡다한 일들에 얽매여 살아간다. 돈벌이와 별로 쓸데없는 일들에 신경 쓰느라 하느님, 진리, 마음공부, 가정생활 등을 희생한다.

군인들이 전술을 익히려면 훈련해야 하듯이 실생활의 전쟁터에서도 훈련이 필요하다. 훈련받지 않은 병사는 전쟁터에서 금방 죽는다. 마찬가지로, 평화와 균형 잡힌 삶의 기술을 훈련받지 않은 사람은 쉽게 걱정근심과 불안정의 총알세례를 받게 된다.

∞

살면서 앞으로 나아가고 있는지, 아니면 뒤로 돌아가고 있는지를 성찰하는 사람이 참으로 드물다. 사람에게는 이성, 지혜, 이해하는 능력이 있다. 그것들을 바르게 사용해 자기가 지금 앞으로 나아가는지 뒤로 돌아가는지를 알아보는 것은 우리의 마땅한 임무다.

같은 실패를 거듭하더라도 실망하지 말라. 그것들은 당신의 몸과 마음을 성숙시키기 위한 자극들이다. 독毒이 아니다. 실패할 때야말로 성공의 씨를 뿌리기에 가장 좋은 때다. 실패 원인들을 제거하고 이루고자 하는 일에 노력을 배가하라.

몽둥이로 맞는 상황이 오더라도 고개 숙이지 말라. 성공하려고 노력하다가 죽는 것이 성공이다. 패배의식에 닻을 내리지 말라. 아무리 여러 번 실패했다 해도 한 번 더 시도하라. 최선을 다했고 더 이상 못하겠다고 여겨질 때 '일 분만 더' 견뎌라. 더는 못 싸우겠다고, 최선을 다했다고 생각될 그때가 바로 싸울 때다.

실패한 뒤에 다시 시도할 때마다 계획을 잘 짜고 더욱 집중해서 작업에 들어가야 한다. 한 번에 한 가지씩, 당신에게는 불가능해 보이는 그 일을 오늘 다시 시작하라.

∞

　변화는 불안감을 수반한다. 사람들은 '이것을 포기하면 아무것도 남지 않는 것 아닐까?'하고 생각한다. 모르는 무언가를 위해서 알고 있는 것을 포기하려면 용기가 있어야 한다. 알 수 없는, 그래서 확실치 않은 행복을 위해 익숙한 아픔을 포기하는 것조차 쉬운 일이 아니다. 사람 마음은 수년 동안 우편마차를 끌어온 말과 비슷하다. 그 말은 늘 다니는 길에 익숙해져 있어서 쉽게 새로운 길로 가지 못한다. 사람 마음도 마찬가지다. 낡고 오랜 버릇이 자기를 비참하게 만들 뿐이라는 걸 알면서도, 좀처럼 버리려하지 않는다.

　유익한 변화는 용감하게 받아들여 마땅하다. 더 좋은 것에 대한 희망이 '과연 이루어질까'라는 두려움으로 막힌다면 마음이 평안할 리 없다. 그러니 변화를 유일하게 불변하는 삶의 정수定數로 받아들이라. 인생이란 얻음과 잃음, 기쁨과 슬픔, 희망과 절망의 끝없는 연속이다. 한순간 시련의 폭풍이 위협하다가, 바로 다음 순간 한줄기 빛이 어두운 하늘을 밝힌다. 그러다가 또 갑자기 검은 구름으로 컴컴해진다.

　삶은 곧 변화다.

　그 안에서 고요하라. 평온하라. 일할 때도 조용히 움직이라. 언제고 더 이상 운명의 파도에 휩쓸리지 않는 자신을 보게 되리

라. 안으로부터 힘이 솟아날 것이고, 어떤 외부 자극에도 휘청거리
지 않게 될 것이다.

영성의 길을 가는 순례자로서 당신을 에워싼 곤경에 무게를
실어주지 말라. 평온하라. 용감히 걸으라. 고요한 믿음을 품고 하
루 또 하루 앞으로 나아가라. 마침내 온갖 악업惡業의 그늘과 시련
을 넘어 신성한 성취의 새벽을 맞이할 것이다. 가장 높은 의식의
경지에서, 온갖 불운의 마지막 사슬로부터 자유로워질 것이다.

식구들이 먹고 살도록 돕는 것은 필요한 일이다. 식구들의 정
신이 진화하도록 돕는 것은 더욱 필요한 일이다. 식구들을 하느님
만나는 명상의 길로 이끌어 그들의 영혼이 진화하도록 돕는 것은
더없이 중요한 일이다.

당신은 자신을 여기 있게 한 우주의 계획을 이루기 위해 날마
다 무엇인가를 해야 한다. 많은 사람이 땅에서 자기에게 주어진 임
무를 우주의 계획에 조율하지 못해 불행하게 산다. 우주의 계획은
우리에게 명한다. 자신의 영혼을 참으로 만족시키려면 행복이 절

실하게 필요한 다른 사람들을 당신의 행복에 포함시키라고.

날마다 몸과 마음과 영혼이 병든 사람들을, 당신 자신이나 가족처럼 보살피도록 노력하라. 오늘부터라도 스스로를 비참하게 만들 뿐인 자기중심적인 방식으로 살지 말고, 양심과 하느님의 법을 좇아 순리대로 살면, 당신이 인생무대에서 아무리 하찮은 역을 맡았더라도 우리 모두의 운명을 관장하는 무대감독의 연출에 따라 제몫의 역할을 잘 감당하고 있다는 사실을 알게 되리라. 그리고 기억하라. 아무리 작은 역할이라도 그것은 인생무대에서 펼쳐지는 영혼들의 드라마(Drama of Souls)가 온전히 성공하는 데 이바지하는 더없이 크고 중요한 역할임을.

돈을 많이 벌라. 하지만 돈에 사로잡혀 끝없는 근심걱정 속에서 헤매지 말고 검소하게 살면서 꿈을 실현하는 것으로 만족하라.

시련들이 닥치는 것은 당신을 파멸시키기 위해서가 아니다. 당신이 하느님을 좀 더 잘 모시게 하기 위해서다. 하느님이 몸소 그것들을 우리에게 주시는 게 아니다. 우리가 스스로 만드는 것이다. 당신이 해야 할 일은 무지의 수렁에 묻혀있는 의식을 불러일으키는 것이 전부다. 지금 당신이 겪고 있는 시련들은 지난날 어디선가 지은 당신의 행위에서 온 것들이다. 우리는 그것들을 자기 탓으로 돌려야 한다. 하지만 스스로 열등의식을 만들어 그 속에 빠져서는 안 된다. 오히려 시련이 닥칠 때 이렇게 말하라. "당신이 오고계심을 제가 압니다. 당신의 빛이 보입니다. 이 무서운 시련의 바다에서 당신은 난파된 제 생각들의 북극성이십니다." 왜 무서워하는가? 기억하라. 당신은 그냥 남자가 아니다. 그냥 여자가 아니다. 당신이 당신인 줄 아는 그것이 아니다. 당신은 불멸의 존재다.

당신의 묵은 버릇이 당신을 죽게 만드는 적이다. 예수는 그분의 사랑을 세상에 나타내셨고, 그래서 시련을 당할 때 이렇게 말씀하셨다. "아버지, 저들을 용서해주십시오. 자기들이 무슨 짓을 하는지 모르고 있습니다." 그러니 당신도 시련을 당할 때 이렇게 말해야 한다. "내 영혼이 살아났다. 이 모든 시련보다 내 힘이 더 강하다. 나는 하느님의 자식이기 때문이다." 그때 당신의 정신력이 확장될 것이고, 깨달음의 잔盞은 세상 모든 지식을 담기에 충분할 만큼 커질 것이다. 당신의 굶주린 욕망들을 적절한 환경과 정당한 행위로 먹여야 한다. 그러면 당신이 진실로 행복하고 번영할 것이다.

∞

대부분 사람들이 먼저 웬만큼 살게 되면 그 뒤에 하느님을 생각할 수 있겠다고 말한다. 그러나 당신은 '먼저' 하느님을 생각해야 한다. 당신에게 당장 필요한 것이 그분이기 때문이다. 그리 의식하게 되면 진정으로 행복할 것이다. 하느님은 언제 어디서나 당신과 함께 하신다. 그 하느님과 일단 한번 깊이 연결되면, 그러면 우주의 번영이 당신 발 앞으로 굴러올 것이다. 부디 하느님이 당신 삶의 배후라는 사실을 잊지 말라. 번영은 당신이 소유한 무엇이 아니다. 하지만 당신의 의지로 얻을 수 있는 것이다. 그게 진정한 번영이다.

영적으로 살지 않는 삶은 생명을 거스르는 삶이다. 비록 자신에게 허물이 있더라도, 의식을 온통 하느님으로 향할 때, 침묵으로 향할 때, 그때 당신은 하느님과 함께 있는 것이다. 자신에게 주어진 임무를 기꺼이 감당할 때, 그 임무들 가운데 어떤 것도 당신의 행복을 둘러엎지 않을 때, 그것을 일컬어 '영적 행복'이라고 부른다. 그때 당신의 마음과 의식이 온통 자유, 신선한 공기, 행복, 평범한 삶의 근원이신 하느님께로 향하는 것이다. 이것이 인도의 스승들이 가르치는 최고의 가르침이다. 인도의 스승들은 언제나 평범한 삶과 드높은 사유思惟를 하도록 제자들을 훈련시킨다.

지금 이 순간도 당신은 하느님의 힘으로 살아간다. 이 나라의 기후를 그분이 갑자기 바꿔놓으셨다고 생각해보라. 어떻겠는가? 어디에서 먹을 것을 구하겠는가? 어떻게 살 것인가? 하느님이 당신에게 주신 목숨을 계속 유지시켜주시는 분임을 왜 기억하지 않는가? 생명이 양식에 의존한다 해도 여전히 그것을 지탱시켜주시는 분은 하느님이시다. 그분이 모든 것의 '근원'이시다. 그렇기 때문에 그분과 연결되지 않으면 고통을 겪지 않을 수 없는 것이다.

하느님을 망각하고 사치스럽게 사는 것은 야만적이다. "가진 것 별로 없어도 내게는 없는 게 없다. 하느님이 계시니까." 요기들은 배워서 안다. 하느님이 결코 바깥에서는 찾을 수 없는 분임을. 하지만 당신 영혼 깊은 곳, 하느님의 성전에 들어가면 당신은 이렇게 말할 수 있을 것이다, "이 세상 누구도 우리 아버지만큼 내 건강과 행복을 챙겨주지 못한다. 그분은 언제 어디서나 나와 함께 하신다."

∞

날마다 확인하라. "주님, 당신이 제 삶의 배후이십니다. 저를 통해 당신 뜻을 이루십시오. 아버지, 당신이 저의 부富이십니다. 그래서 제가 부자입니다. 당신이 저에게 있는 모든 것의 소유주십니다. 저는 당신의 아들/딸입니다. 당신 것이 제 것입니다." 아침 출근하기 전에 이 사실을 거듭 확인하라. 당신이 철두철미 하느님의 법에 따라 살고 있음을 기억하라. 그러면 그분이 당신에게 길을 보여주실 것이다. 사람들도 길을 보여주지만 그들은 당신을 추운 곳에 놔두고 등을 돌린다. 하느님의 길만이 당신에게 행복과 번영을 가져다줄 수 있다.

　우리도 그 경지에 이를 수 있고 그때 거기서 말할 수 있을 것이다. "당신 것이 제 것입니다." 그러면 모든 일이 갈수록 좋아진다. 사람들마다 자기중심으로 살아가는 이 시대에 번영을 누린다는 것은 무척 어려운 일이다. 그것은 자기중심으로 살지 않는 사람들에 의해서만 깨어질 수 있다. 당신 스스로 그렇게 살아야 한다. 그리고 그것을 남들에게 가르쳐줄 가장 좋은 방법은 당신이 구체적 삶으로 모범을 보이는 것이다.

　돈 버는 것도 긴요하지만 행복하게 사는 것이 더 긴요하다. 행복하려고 돈 버는 것이지 돈 벌려고 행복한 것이 아니다. 돈벌이를 행복의 유일한 조건으로 삼는 사람은 도저히 행복할 수 없다. 아무리 많은 돈을 쌓아도 그것으로 행복을 살 수는 없으니까.

　돈 더미에 앉아서도 자기와 남들의 행복을 위해 그것을 제대로 쓸 줄 모르는 사람은 행복에 목마른 상태로 죽어간다. 행복하려고 돈을 버는 거라는 사실을 많은 사람이 잊고 살아간다. 목적을 잊고 수단에만 매달리는 것은 행선지를 잊고 길을 가는 것만큼이나 어리석은 짓이다. 돈을 벌기만 하고, 자기와 남들의 행복을 위해서 돈을 쓰는 습관을 기르지 않는다면 아무 의미가 없다.

먼저 행복을 찾지 않고 돈을 좇아서 달려가는 사람들이 많다. 심술 사납고 걱정이 산더미 같은 마음으로 돈 벌려 애쓰는 것은 성공을 거두지 못할 뿐 아니라 더 많은 염려와 불행을 낳는다. 건전하고 행복한 자세로 돈을 버는 것은 그 일에 성공할 뿐 아니라 행복도 보장한다. 행복한 사람들은 자기 삶을 모범으로 다른 사람들도 행복하게 해준다. 말보다 행동이 소리가 크기 때문이다.

∞

어떤 사람은 정신적 만족에서만 행복을 찾을 수 있다고 말한다. 그런가 하면 돈이 많아서 고급가구, 요트, 별장, 승용차 같은 것들을 갖추어야 행복할 수 있다고 말하는 사람들이 있다. 둘 다 한쪽으로 치우친 잘못된 생각이다.

동굴에 혼자 사는 은수자는 정신적으로 만족하겠지만, 그래도 농부가 지은 곡식을 먹고 재봉사가 만든 옷을 입어야 한다. 물질을 전혀 쓰지 않고 오직 마음속에서만 행복을 찾는 은수자는 세상에 없다.

반면에, 사람을 매혹시키는 상품들을 끝없이 사는 데 행복이 있다는 생각은 엉터리없는 거짓이다. 물질을 구입하는 데서 행복을 찾으려고 해서는 결코 행복할 수 없다. 행복 자체가 본디 마음의 상태로서 부분적으로만 외부의 영향을 받기 때문이다.

　　마음의 평안을 잃느니 차라리 목숨을 희생한 순교자들이 있다. 그들은 가진 게 별로 없어도 마음속에서 행복을 찾고자 했다.

　　새로운 욕망들을 끝없이 만들어내고 그것들을 충족시키는 데서 행복을 찾는 사람은 절대로 행복할 수 없다. 언젠가 얻으리라고 생각하는 그것에 그의 행복이 달려있기 때문이다. 마치 막대기 끝에 매달려 눈앞에서 얼른거리는 고깃덩이를 먹으려고 이리저리 뛰어다니는 개처럼, 그는 결코 얻지 못할 행복을 향해서 헐떡거릴 뿐이다.

　　행복이 자기 마음속에 있음을 망각한 사람은 끝내 자기 욕망을 채우지 못한다. 세상이 말하는 성공을 어느 정도 거둘지는 모르겠다만.

∞

　　기억하라. 물질의 즐거움만 찾는 사람은 그 뒤에 있는 신성한 기쁨을 잃을 것이다. 명상의 우주적 기쁨을 찾은 사람은 물질의 즐거움에 대한 집착을 여읜다. 자기 안에 있는 '그리스도 지성(Christ Intelligence)'을 찾고자 물질의 즐거움에 대한 욕망을 버린 사람은 육체적 생활 뒤에 감추어져 있는 영구적인 기쁨을 발견할 것이다.

　　명상의 황홀경에서 느껴지는 '늘 새로운' 기쁨을 찾고자 물질의 즐거움을 포기한 사람은 물질의 번영과 즐거움이 자신에게 보태지는 것을 알게 되리라. 하느님의 행복을 위해 땅의 행복을 버리는 사람 또한 땅의 행복을 얻을 것이다. 하지만 오직 물질의 즐거움만 찾는 사람은 그것을 얻더라도 금방 잃고 만다. 본디 수명이 짧은 것들이기에.

∞

아버지, 저를 축복하소서. 기쁨으로 짓는 행위의 창문을 통해 당신을 보게 하소서. 제가 저에게 맡겨진 일을 하는 동안 저를 항상 지켜보시고 저에게 생기를 주소서. 깨어있고 잠자고 꿈꾸면서 하는 저의 모든 행위가 거기 계시는 당신과 함께 하는 것이기를 바라나이다.

오, 어머니, 무슨 일이든지 오직 당신을 기쁘게 해드리기 위해서 하도록 저를 가르치소서. 당신이 제 뼈와 신경과 근육을 움직이는 전자電磁임을 느껴 알게 하소서. 맥박마다 호흡마다 동작마다 거기서 당신의 기운을 느끼게 하소서.

8장

———

내
적
자
유
와
기
쁨

스와미 크리야난다가 들려주는 이야기

무리 중의 한 사람이 물었다.

"사람한테 아무런 욕망이 없으면 모든 동기動機를 잃고 기계처럼 되지 않을까요?"

요가난다가 대답했다.

"많은 사람이 그렇게들 생각하지요. 욕망이 없으면 인생에 무슨 재미가 있겠느냐고. 하지만 그런 일은 결코 일어나지 않아요. 오히려 인생에서 끝없는 흥미를 발견하게 될 겁니다.

욕망의 부정적인 면을 생각해봅시다. 잘못된 욕망 때문에 당신은 끝없는 두려움 속에서 살게 되지요. '그 일이 일어나면 어쩌지?' 또는 '그 일이 일어나지 않으면 어쩌지?' 결국 미래에 대한 걱정 아니면 과거에 대한 후회 속에서 사는 겁니다.

반면에 집착을 여의면 한없는 내적 자유와 행복 안에서 살게 되지요. 지금 이 순간 행복할 수 있을 때, 그때 당신은 하느님을 모시고 있는 거예요.

'욕망 없음(desireless-ness)'은 당신의 동기들을 빼앗지 않습니다. 오히려 그 반대지요. 하느님 안에서 살수록 그만큼 더 그분 섬기는 일에서 오는 기쁨을 누리게 됩니다."

∞

당신이 지혜와 흠 없는 행복을 원한다면 가슴의 느낌으로부터 자유로워야 한다. 삶의 오르막내리막에 지나친 반응을 보이지 말라. 달리 말하면, 행운이 닥칠 때 너무 흥분해서 그 번들거리는 흐름으로 성큼 뛰어들지 말라는 것이다. 반대로 눈앞의 시련이 당신에게 이 어려움에서 벗어날 길은 없다고 할 때 풀이 죽어 곧장 절망의 나락에 가라앉지도 말라.

이 부박한 물질세계에서는 언제 무슨 일이 일어날지 예측할 수 없고, 어떤 위험이 기다리고 있는지도 알 수 없다. 어쩌다가 성공한다고 해도, 본인의 성공이든 남의 성공이든 이른바 '성공'에는 미숙한 등산가를 가짜 희망의 낭떠러지로 유혹하는 미끼가 들어있다. 밟고 가던 오솔길이 무너진 꿈의 황량한 사막 속으로 홀연 사라지던 일이 얼마나 잦았던가! 산줄기를 따라 봉우리와 골짜기가 있듯이 성공과 실패가 번을 가른다.

보람 있고 행복한 삶의 규칙은 복잡하지 않고 지키기 어렵지도 않다. 하지만 조심스레 배워야 하고 날마다 실천해야 한다.

노고와 갈등은 이 땅에 사는 동안 누구나 겪어야 하는 것들이다. 그것들은 재난이 아니라 축복이다. 우리가 내적으로 얼마나 발전했는지를 알아보는 시험지 역할을 하기 때문이다. 마음의 평화—명상으로 벼려진 순수한 금속—를 외부 상황의 어려움에 연마

하는 것으로 마침내 우리가 무슨 일을 하든 평화 속에서 보호받는 복된 경지에 도달한다.

지속되는 평화를 위해 가장 중요한 조건은 평온한 마음을 유지하는 것이다. 항상 내면의 '자아(Self)'에 중심을 두고 고요함을 유지하라. 아이들의 모래성이 파도에 쓸려 무너지듯이, 불안한 마음은 의지와 인내가 부족해 끊임없이 변하는 상황의 파도에 휩쓸리고 만다.

그러나 다이아몬드는 아무리 험한 파도가 밀려와도 그 힘과 빛깔을 잃지 않는다. 이처럼, 내면의 평화를 지키는 사람은 험한 시련의 폭풍이 몰아쳐도 평정심을 끝까지 유지한다.

∞

살면서 지키면 좋을 만한 수칙은 자신에게 그냥 이렇게 말해주는 것이다. "뭐든지 올 테면 오라고 해."

인생에는 수많은 오르막과 내리막이 있을 것이다. 상황의 변동에 따라서 올라갔다 내려갔다 하다보면 영적 진화의 바탕인 내적 고요에 결코 이르지 못할 것이다. 그러니 무슨 일이든 감정으로 대하지 않도록 조심하라. 좋음과 싫음 위로 올라서라.

살면서 겪는 숱한 어려움을 뚫고 계속 항해하게 해줄 인생의 근사한 수칙은 언제 어디 어떤 상황에서도 평온하고 상쾌한 마음

상태를 유지하는 것이다.

∞

외부의 어떤 것 때문에 우쭐거리거나 낙심하지 말라. 스쳐 지나가는 삶의 풍경들을 평온한 마음으로 바라보라. 인생의 오르막 내리막이라는 게 끊임없이 출렁이는 바다의 파도와 같기 때문이다. 그것들에 감정으로 휩쓸려들지 말고 인생의 온갖 소용돌이 안에서도 고요한 마음과 중심의 한결같은 행복을 지키라.

∞

감정을 끝까지 밀어붙인 결과는 극단적인 감정의 불안이다. 완벽한 행복은 바깥의 경험을 끝까지 밀고 나아가는 데 있지 않고 그것들 사이의 고요한 일점一點에 있다.

∞

당신이 소유한 것들에 소유당하지 말라. 세상살이의 자질구레한 일들이 당신 마음의 고요를 걱정더미로 침탈하게 하지 말라.

∞

바다 표면에서 출렁이는 파도 역시 바다의 한 부분이다. 그것들은 하느님의 몸이다. 그분이 그것들을 잔잔하게 하신다면? 좋다, 괜찮다. 그분이 그것들을 사납게 하신다면? 역시 좋다, 괜찮다. 당신이 지금 건강한데 거기에 집착하면 건강을 잃을까봐 늘 걱정할 것이다. 건강에 집착하다가 병이라도 들면 잃어버린 건강 때문에 계속 슬퍼할 것이다.

인간의 가장 큰 골칫거리는 에고이즘egoism, 자기가 동떨어져서 존재한다는 의식이다. 그는 자기 몸에 일어나는 모든 일로 영향을 받는다. 왜 영향을 받는가? 당신은 당신의 몸이 아니다. 당신은 '그분(He)'이다. 모든 것이 '영(Spirit)'이다.

∞

객관적 조건들은 언제나 중립이다. 그것들로 불행해지느냐 행복해지느냐는 거기에 반응하는 당신의 방식에 달려있다.

홀로 나아가라. 외부 상황들에 자신의 방식으로 반응하라. 자기 마음속 파도들에 중립을 지키는, 바로 여기에 요가 수련의 본질이 있다. 언제 어디서나 스스로 행복하라. 절대로 외부 상황이 언제나 자신에게 유쾌하도록 바꿀 수는 없을 것이다. 자기 자신을 바꾸라.

∞

삶의 미망迷妄에 속고 싶다면 얄팍한 지혜로 살아가면 된다.
세속을 혐오하는 형이상학자들은 자기들이 '모든 것에서 멀리 떨
어져있다'면서 자부심을 느낀다. 동시에 세상의 평범한 아름다움
으로부터도 눈길을 백팔십도 돌려버린다. 좋다. 맘대로 하게 하
자. 인생 자체가 변덕스러운 수수께끼 아닌가. 이 땅에서 사람들이
경험하는 만족이란 본디 얼마 못 간다. 현실에 대한 이런 인식이
그 자체로 심오함을 증명해주는 것은 아니다. 부정否定의 방법만
으로는 어떤 가치도 얻을 수 없다.

지혜는 긍정肯定의 방법으로 접근해야 한다. 왜 세상을 냉소하
는가? 그러지 말고, 외부의 자극에서 오는 순수한 기쁨을 받아들
이라. 밖에서 맛보는 행복을, 자기 안에 있는 하늘나라를 되새기게
해주는 무엇으로 이용하라. 외부의 자극들을 안으로 받아들이는
것이 밖에서 더 많은 기쁨을 느끼도록 해준다. 그것이 기쁨의 진정
한 원천에 힘을 더 보태주기 때문이다.

외부의 무엇 때문에 우쭐거리거나 낙심하지 말라. 스쳐 지나
가는 삶의 풍경들을 평온한 마음으로 바라보라. 인생의 오르막내
리막이라는 게 끊임없이 출렁이는 바다의 파도와 같기 때문이다.

그것들에 감정으로 휩쓸려들지 말고 자기 척추의 중심에 머물며 언제나 고요하고 행복하라. 세속을 혐오해 평범한 감동마저 냉소하는 형이상학자의 태도는 삶의 고통을 치유하는 데 적절치 않다. 영적 게으름의 전조인 무관심을 길러주기 때문이다.

　　그러니 살면서 실망한 일에 너무 매달리지 말고, 덧없는 거죽의 승리에 도취하지도 말라. 풍요를 신뢰하지 말고, 그렇다고 삶이 주는 순수한 선물을 경멸하지도 말라. 당신의 고결하고 영적인 능력을 키우되, 쓸데없는 일을 추구하는 데 그것을 낭비하지도 말라.

　　끝없는 변화의 복판에서 하느님의 불변하는 아름다움을 보라. 무엇보다도 지혜의 스승들이 지니고 있는 것, 하느님 의식 (God-Consciousness), 그분 안에 있는 영원불멸을 추구하라. 온갖 집착 속으로, 그것들 가운데 가장 작은 것 속으로도, '무한하신 분'(the Infinite)을 해방시켜 드리라. 세상이 분노의 함성을 질러대든 가짜 즐거움의 히스테리로 엎치락뒤치락하든 멋대로 놓아두라. 무엇이 문제인가? 모든 것이 알록달록 재미있는 퍼레이드, 하지만 그저 끊임없이 지나가는 퍼레이드에 지나지 않거늘.

9장

—

하느님을 발견하는 것이 가장 큰 행복이다

삶의 목적은 하느님을 발견하는 데 있다. 그것이 우리가 실존하는 유일한 이유다. 직업, 친구, 물질적 이익 등 이런 모든 것이 그 자체로서는 아무 의미가 없다. 그것들은 결코 당신에게 행복을 안겨주지 못한다. 그중 어느 것도 스스로 완벽하지 못하다는 간단한 이유 때문이다. 오직 하느님만이 모든 것을 어우르신다.

그래서 예수가 이렇게 말씀하신 것이다. "먼저 하느님의 나라와 그분의 올바른 길을 찾으시오. 그러면 다른 모든 것을 덤으로 얻게 될 것이오."(마태오복음 6, 33). 먼저 모든 것을 주시는 분(the Giver)을 찾으라. 그러면 그분한테서 온갖 선물을 받게 될 것이다.

∞

기쁨은 하느님의 한 얼굴이다. 하늘의 기쁨은 땅의 수백만 기쁨들을 하나에 쑤셔 넣은 것과 같다. 인간의 행복을 추구하는 것은 밝은 태양 아래서 촛불 하나 밝히려는 것과 같다. 하늘의 기쁨이 우리를 영원토록 감싸고 있는데, 사람들은 저마다 행복해보겠다며 시답잖은 것들을 찾고 있다. 대개 그들이 발견하는 것은 몸과 마음의 고통에서 벗어난 잠깐의 위안이 전부다. 하지만 하늘의 기쁨은 눈부시게 빛나는 진짜 현실(the blazing Reality)이다. 그 앞에서 땅의 기쁨들이란 그림자에 불과하다.

∞

그러니 하느님께 기도드리자.

"사랑하올 나의 무한하신 분이여. 제가 드리는 이 기도보다 당신이 더 가까이 계시고, 저의 속생각들보다 당신이 더 가까이 계심을 제가 압니다. 저의 온갖 불안한 느낌들 뒤에 있는 저를 향한 당신의 관심과 사랑을 느끼게 하소서. 저의 알아차림 뒤에 있는 당신의 알아차림으로 제가 지탱되고 이끌림 받는 것을 느끼게 하소서. 당신을 향한 제 사랑 뒤에 있는 당신의 사랑을 더욱 깊이 깨닫게 하소서."

이렇게 끊임없이 그리고 정성을 다해 진솔하게 기도드리면 그분이 당신 가슴 속에 더없이 큰 기쁨으로 현존하심을 느끼게 될 것이다. 또한 그 작렬하는 기쁨 안에서 그분이 당신과 함께 계시고 그분이 바로 당신의 것임을 느껴 알게 될 것이다.

∞

삶의 진정한 목적은 하느님을 아는 데 있다. 속세의 유혹들이 당신에게 주어지는 까닭은 모든 일에 더 잘 분별하도록 당신을 돕기 위해서다. 당신의 선택은 무엇인가? 감각의 즐거움인가? 아니면 하느님인가? 처음에는 감각의 즐거움이 황홀해 보이지만, 그것을 선택하면 조만간 끝없는 시련과 어려움 속에 빠져있는 자신을 보게 되리라.

건강과 마음의 평화 그리고 행복의 상실이 감각적 즐거움에 굴복한 사람들 모두에게 돌아가는 몫이다. 반면에 일단 하느님을 알면 한없는 기쁨이 당신의 것이다.

모든 사람이 언젠가는 이 위대한 가르침을 배워서 알게 되리라.

∞

세상은 우리의 본가本家가 아니라는 사실을 고통이 우리에게 상기시켜준다. 세상이 우리에게 더없이 완전한 곳이면 왜 많은 사람이 저렇게 더 좋은 곳을 찾아서 헤매겠는가? 세상 것들이 본디 완전하지 못한 줄 알면서도 하느님을 찾는 사람이 참으로 드물구나! 크리슈나가 말했다. 수천 명에 어쩌면 하나 있을 거라고.

이것이 삶의 법칙이다. 자기 안에 있는 진실과 덜 어울려 살수록 그만큼 더 많은 고통을 겪는다. 반대로, 그 진실과 더 잘 어울려 살수록 그만큼 한없는 행복을 경험한다. 그리 되면 세상의 무엇도 그를 건드리지 못한다. 비록 그의 몸이 질병으로 황폐해지고 사람들이 비웃으며 못살게 군다 해도. 그는 삶의 온갖 질곡을 관통하면서 자기 안에 있는 '자아(Self)'에 중심을 두고 더없이 행복하게 살아간다.

∞

크리슈나가 말했다. "물러가라, 내 온갖 고통과 비참의 바다에서!" 하느님과 함께 하면 삶이 행복한 잔치마당이지만, 그분 없는 삶은 아픔과 어려움과 실망으로 짜인 그물이다.

∞

깊은 명상은 의식을 언제나 하느님께 두도록 우리를 이끈다. 명상이 모자라면 의식을 감각에 두게 된다. 규칙적으로 명상하지 않는데도 여전히 가까이 계신 하느님이 느껴진다면, 그동안 해온 명상의 혜택을 톡톡히 보고 있는 것이다. 하루 종일 명상의 기쁨과 감동이 느껴진다면 이어지는 명상 속에서 하루를 보내는 셈이다. 그럴 때 당신은 감각에 집착하지 않는다. 명상할 때처럼 육신으로도 하느님이 느껴진다면, 말 그대로 완벽한 삶이다! 명상의 길을 오롯이 걷고 있는 경건한 수행자들이 경험하는 게 바로 이것이다. 그들은 모든 것에 초연超然하며 자기에게 주어진 일을 성실히 감당하되 그 일에 집착하지 않는다.

한 영혼이 밤낮으로 명상하며 하느님을 찾는 데서 오는 기쁨을 맛보는 경우가 때때로 있다. 하느님이 아무 답을 주시지 않을 때도 하느님을 만날 때까지 그는 명상과 기도를 멈추지 않는다. 우리는 무한하신 분에 이르기까지 정당한 방법으로 계속 노력해야 한다. 아무도 당신에게 '자기 깨달음(Self-realization, '자기 실현'으로도 옮길 수 있음-역자 주)'을 줄 수 없다. 그것을 얻으려면 스스로 노력해야 한다. 당신이 구원받고자 애쓰지 않는 한, 세상의 어떤 영적 교사도 당신에게 그것을 줄 수 없다.

　기쁨과 하느님은 하나다. 기쁨은 당신이 무엇보다 먼저 바라는, 영혼의 무지를 고쳐주는 치유다. 언제고 당신은 자기 육신을 티끌로 돌려보내야 한다. 그러므로 지금 영(Spirit)을 생각해야 한다. 형식적인 기도보다 확언(affirmation)이 훨씬 낫다. 하느님께 은혜를 구걸하지 말라. 그분은 당신이 원한다고 그분의 법을 어기시지 않을 것이다. 하지만 당신이 그분의 자식으로서 타고난 권리를 주장하면 귀 기울여 들으실 것이다. 말, 말, 말, 말로 길게 늘어놓는 기도는 아무 의미가 없다. 그렇게 하면서 마음으로 엉뚱한 데를 헤매고 있기 때문이다. 확언을 하려면 그 말의 배후에 있는 생각을 몸으로 느끼면서 말해야 한다. 그러면 그 생각이 현재의식으로 들어가고, 그 뒤에 잠재의식으로 들어가고, 마침내 초超의식(super-consciousness)으로 들어갈 것이다. 생각이 초超의식에 등록되면 현실에서 그대로 이루어진다.

　당신의 생각이 잠재의식을 통과해 초超의식 안으로 들어갈 때까지 확언하는 작업을 계속하라. 당신이 기원해야 할 가장 큰 치유는 자신의 무지를 고쳐서 두 번 다시 과거의 낡은 삶으로 들어가지 않게 하는 것이다. 당신이 살면서 얻을 수 있는 가장 크고 높은 보상報償은 중단되지 않는 행복을 누리는 것이다. 그것을 가리켜 '평화' 또는 '지복'이라고 부른다.

∞

누가 다이아몬드를 잃어버리고 그 대신 햇빛에 반짝이는 사금파리로 자기를 만족시키려 한다면 그 사람은 결국 환멸을 맛보게 될 것이다. 깨어진 유리조각 더미를 아무리 뒤져도 거기서는 다이아몬드를 찾을 수 없다. 지금 엉뚱한 장소에서 다이아몬드를 찾는 사람은 올바른 곳에서 그것을 찾게 되기까지 결코 행복할 수 없을 것이다. 마찬가지로 사람의 영혼도 순간 있다가 사라지는 감각의 쾌감에서 행복을 찾으려고 한다. 하지만 감각의 즐거움을 충분히 맛본 사람은 그것에 질려서 마침내 자기 안에서 기쁨과 행복을 찾게 된다.

이런저런 물질에서 참 행복을 찾으려는 시도는 어리석은 짓이다. 그것들이 사람을 행복하게 해줄 수 없기 때문이다. 그런데도 저토록 헤아릴 수 없이 많은 사람이 오직 하느님만이 주실 수 있는 기쁨과 위안을 물질로부터 얻으려고 한평생 헛된 짓을 되풀이하다가 마지막 숨을 거두고 있다.

∞

개별화된 영(individualized Spirit)인 영혼(the Soul)은, 그럴 기회만 주어지면 언제든지 영靈(the Spirit)을 충실하게 실현할 수 있다. 물질적 욕망은 있다가 사라지고 마는 물질들과의 오랜 결속을 통해 강해진다.

끝내 슬픔이 되어버릴 욕망의 미친 춤이 자아낸 마음속 혼돈으로부터 자신의 영혼을 지키라. 거칠고 사악한 욕망을 극복하는 법부터 배우라. 자신을 비참하게 하는 사물들이 꼭 있어야 하는 것들이 아님을 깨달으라. 참된 행복과 평화, 또는 지복을 당신의 영혼 안에서 찾는다면 거기서 그것들을 발견할 것이다. 그렇게 되면 당신이 '행복의 백만장자'가 되는 것이다.

사람이 육체의 고통이나 죽음의 시련을 통과할 때조차 그 영혼의 본성은 지복至福—영원토록 즐길 수 있는 항상 새롭고 항상 바뀌는 기쁨—이다. 욕망이 없다는 것(desireless-ness)은 부정否定(negation)이 아니다. 오히려 당신의 영혼 속에 가득한 유산을 상속받기 위해 반드시 필요한 자기 절제의 실현이다.

먼저 명상으로 그런 마음 상태가 마련될 기회를 영혼에게 주라. 그런 다음, 계속 그 마음 상태를 유지하면서 당신에게 주어진 임무를 감당하라. 욕망을 포기하고 만사에 부정적일 필요는 없다. 반대로, 당신의 참 본성인 한결같은 기쁨이 모든 고상한 욕망을 실현하도록 당신을 돕게 하라. 하느님의 기쁨과 함께 하는 고상한 경험들을 즐기라. 하늘이 준 진짜 임무를 충실히 완수하라.

당신은 영원한 기쁨을 부여받은 불멸의 존재다. 죽지 않을 수 없는 몸으로 사는 동안 이 진실을 결코 잊지 말라. 이 세계는 신성한 무대감독의 연출로 자기 몫의 배역配役을 연기하는 무대에 지나지 않는다. 당신의 진정한 본성이 영원한 기쁨이라는 사실을 기억하면서 당신 몫의 역할을, 그것이 희극이든 비극이든 충실히 연기하라. 절대로 당신을 떠나지 않는 유일한 것이 있다면, 당신 영혼의 기쁨이다.

그러니 슬픔, 쾌락, 무관심 그리고 가짜면서 일시적인 평화 같은 것으로 만들어지는 물질적인 삶의 크고 작은 소용돌이로 뛰어들기 전에, 변치 않는 지복의 고요한 바다에서 수영하는 법을 배우라.

마음을 온전히 기울인 명상수련이 깊은 지복을 가져다준다. 이 '항상 새로운' 지복은 욕망의 산물이 아니다. 당신 내면의, 직관으로 알 수 있는 마법 같은 고요의 명령에 의해 이루어지는 것이다. 그 맑은 평정平靜을 언제 어디서나 유지하라. 지복이 당신을 감싸면, 그것이 추상적인 정신상태가 아니라 당신이 언제든 호소할 수 있는, 의식意識이 있고 지능이 있는 우주적 존재(a conscious, intelligent, universal Being)임을 알게 될 것이다. 이것이야말로 하느님이 영원하고 언제나 깨어서 알며 늘 새로운 지복至福이라는 진실을 입증하는 가장 분명한 증거다.

∞

　인생에 대해 언제나 긍정적으로 기대하라. 끊이지 않는 행복과 더불어 살아가려고 노력하라. 자신의 소유물에 소유당하지 말고, 세속의 잡다한 일들이 근심걱정을 떼로 몰고 와서 자기 안의 고요를 망가뜨리게 하지 말라. 내면에서 솟는 평화의 감로ᖅ露, 당신이 자기 깨달음을 향해 앞으로 나아갈 때 천사의 사랑어린 손길이 당신에게 준 감로를 자주 맛보라. 그렇게 해서 세속의 번거로움 위로 올라갈 힘을 얻으라.

∞

　지혜로운 사람은 물질적인 축복을 많이 받아 부유하게 살더라도, 세상만물이 덧없이 사라진다는 진실을 결코 놓치지 않는다.
　어리석은 사람은 불완전한 세상에서 완전함을 추구하지만, 잠깐 스치듯이 맛보는 만족 말고는 얻는 것이 없다. 지상地上에서 누릴 수 있는 행복에 대한 더없이 달콤하고 근사한 꿈도 결국 좌절과 실망의 화장터로 가는 장례행렬에 늘어설 수밖에 없기 때문이다.

지혜로운 사람은 스쳐가는 인생의 무상함을 이해한다. 헛된 기대들로 모래성 쌓는 일에 아까운 시간을 낭비하지 않는다. 그 대신, 이 땅에 살면서 경험하는 것들에 집착하지 않는 힘을 기른다. 죽음이 닥칠 때 그들은 하느님 안에서 충족되는 완전함을 보게 된다.

∞

왜 아직도 잠들어 있는가? 너무 바빠서 하느님 찾을 시간이 없다고 핑계대지 말라! 죽음이 닥치면 그동안 손대고 있던 모든 일을 등지고 순식간에 떠나야 한다. 어찌하여 쓸데없는 추구追求와 게으른 생각들을 포기하고 하느님을 위한 시간을 내지 않는 것인가?

세상은 결국 모든 것을 앗아가고 가치 없는 버릇과 비非생산적인 활동에 당신을 묶어놓는다. 당신은 남들과 달리 살고 싶겠지만 하루하루 제 버릇의 사슬에 묶인 몸으로 감옥살이를 하고 있을 뿐이다. 당신 인생은 당신 책임이다. 세상은 당신의 행위에 답을 주지 않는다. 그런데 어째서 날마다 '하느님과 함께 하는 것이 나의 가장 중요한 일'임을 기억하지 않는 것인가?

먹고 일하다 죽는 것으로는 모자란다. 짐승들도 그렇게 한다. 당신에게 선물로 주어진 값진 이성理性을 활용해 그분을 힘써 찾으라. 일삼아 무슨 숲으로 들어갈 것은 없다. 거기서도 여러 다른 유혹들이 당신을 습격해 정복하려 들 것이다. 당신의 몫은 이웃을 섬기는 일로 자기 구원을 이루도록 당신의 업業(karma)이 데려다 준 곳, 이 세상 복판에 있다.

　　방에 홀로 있으면서 이른 아침과 잠들기 전 깊은 명상 가운데 하느님을 발견할 수 있다. 손을 모으고 속으로 말하라. "아버지, 아버지는 모르시는 게 없습니다. 제 모든 생각을 낱낱이 아십니다. 말씀해주십시오, 아버지 음성을 듣고 싶습니다." 같은 말을 그분 음성이 느낌으로 들릴 때까지 거듭하고 거듭해라. 그 느낌을 배양하고 그러기 위해서 노력해야 한다. 하느님을 향한 당신의 사랑과 열망으로 두근거리는 가슴이 발견되기까지, 그리하여 응답을 듣게 되기까지, 이 기도를 멈추지 말고 되풀이하라.

　　여가시간이 날 때마다 이 진지한 기도를 바치라. "아버지, 저에게 오십시오. 오셔서 당신의 전지전능하심을 보여주십시오." 이 비밀스러운 기도를 다른 사람들은 모르게 하라. 그리고 기억하라. 당신 마음속에 다른 욕망들이 있으면 하느님을 알 수 없다는 것을. "너희가 내 앞에 다른 신들(gods)을 두면 안 된다." 하느님을 향한 당신의 생각에는 힘이 있어서, 다른 모든 잡념들을 몰아내지 않으면 하느님이 당신에게 자신을 보여주지 않으시겠다는 말씀이다.

　　누군가에게 사랑을 고백할 때, 그 사랑을 표현하려고 시집의 몇 구절을 인용할 필요 없다. 당신의 사랑이 스스로 깨어있는 가슴에서 자신의 말을 찾을 수 있을 것이다. 그러니 다른 사람들 말을 빌려오지 말고 자신의 사랑과 열망으로 하느님께 기도드리라. 그분이 응답하실 때까지 결코 기도를 멈추지 말라.

당장 오늘부터, 하느님을 알고자 하는 당신의 욕망을 채우라. 세상이 당신에게 준 임무들을 무시하지 말고, 오히려 그것들을 잘 감당하는 가운데 그분을 깨달아 알고, 그분을 기쁘시게 해드리자는 생각으로 '지금 곧' 그분과의 우의友誼(friendship)를 다져나가라.

옮긴이의 말

길 가는 사람 붙잡고 물어보자, 당신 행복하게 살고 싶으냐고. 모두가 답할 것이다, 물론이라고. 어떤 사람은 기분 나쁜 얼굴로 반문할 것이다, 사람을 어떻게 보고서 시방 그걸 질문이라고 하는 거냐고.

그러거나 말거나, 다시 물어보자, 그래서 당신 지금 행복하냐고.

이왕 사는 인생, 행복하게 살고 싶다는 건 아마도 모든 사람의 한결같은 소망이겠다. 그런데 왜 세상에 저는 말할 것 없고 남까지 불행하게 만드는 인간들이 저토록 많은 것인가? 이유는 간단하다, 비행기를 조종하고 싶다는 마음만으로 비행기를 조종할 수 없는 것과 마찬가지다. 태어나면서 행복하게 사는 법을 저절로 아는 사람이 이론상으로는 있겠지만 실제로는 거의 없다. 공자도 자기는 생이지지生而知之를 본 적이 없다고 했다. 처녀가 자식 낳아 기르는 법을 터득하고 시집가는 법 없듯이, 행복하게 사는 법을 모두 배우고 나서 태어나는 사람은 없다는 얘기다. 그러니 처녀가 아이 낳고 기르면서 성숙한 어미로 되는 법을 배우듯이, 사람은 이리저리 부대끼고 살면서 행복하게 사는 법을 배워야 한다.

문제는 저마다 행복하기를 원하지만 어떻게 하면 행복하게 살 수 있는지, 그 방법을 모르거나 잘못 알고 있다는 점이다. 모르는 것은 차라리 약과다. 행복하기를 배운답시고 전혀 엉뚱한 교사를 만나 오히려 불행하게 사는 법을 골똘히 배우고 있으니 기가 막힐 노릇이다.

어쩔 것인가?

여기 스스로 행복하게 살고 있는 사람 하나가 자기 경험에 비추어 사람이 사람으로 행복하게 사는 간단하고 쉬운 법을 말하고 있다. 처음부터 들으려면 듣고 말려면 말라는 투다. 행복하게 산다는 건 누구도 그러라고 시킬 수 없는 일이고, 자기 방법을 따르도록 강요할 수는 더욱이나 없는 거다.

옮긴 사람으로서 이 책을 한 줄 한 줄 옮기는 동안 혼자서 행복했다는 게, 듣는 분들이 어떻게 듣든 간에, 엄연한 사실이었음을 밝혀둔다. 마냥 모든 게 고마울 따름이다.

2022년 5월

충주 노은에서 무무无無